지정학

첫단추 시리즈

지정학

클라우스 도즈 지음
최파일 옮김

교유서가

시어에게

(2006년 2월 24일~2007년 5월 22일)

일러두기

- 본문에서 〔 〕 안의 내용은 옮긴이가 덧붙인 것이다.
- 일부 외래어 표기는 통상적 표기에 따라 국립국어원 외래어표기법을 따르지 않았다.

차례

제 1 장

지정학이란?

충격적 사건

충격적 사건으로 시작해보자. 2018년 3월 대성당 도시 잉글랜드 솔즈베리에서 두 사람이 의식불명 상태로 공원 벤치에서 발견되었다. 처음에는 왜 이런 일이 벌어진 것인지 알 수 없었다. 몇 시간 내에 두 사람의 신원이 세르게이 스크리팔과 그의 딸 율리야라는 사실이 밝혀지자 사태는 복잡해졌다. 세르게이 스크리팔은 영국 정보기관에 협력한 뒤 영국에서의 무기한 체류 허가를 받은 러시아 정보장교였다. 두 사람은 위중한 상태로 병원으로 이송되었고 추후 조사에서 노비초크라고 하는 신경 작용제에 중독되었음이 밝혀졌다. 러시아 당국이 즉각적으로 용의자로 떠올랐다. 러시아가 신경 작용제를 생산하는 나라 중 하나로 알려져 있었기에 전직 스파이와 그의 딸이 암살 표적이 되었던 듯하다. 부녀는 놀랍게도 한 달간 전문 치료를 받고 목숨을 건졌다. 대성당 인근에서는 살인이 일어나지 않았지만 다른 곳에서는 독살로 인한 우발적인 희생자(돈 스터기스)가 나중에 사망했다.

2018년 독살 사건은 우리가 다룰 주제, 바로 지정학에 관해 흥미로운 무언가를 말해준다. 이 사건은 영국 도시에서 일어났다. 만약 크렘린이 이 공격을 정말로 허가했다면 이는 영국의 영토 주권에 대한 노골적인 침해다. 게다가 사건은 2006년 런던에서 전직 러시아 KGB/FSB(KGB: 소련의 비밀정보기관인 국가안보위원회, FSB: 그 후신으로서 러시아 국내 첩보와 방첩을 담당하는 기관인 연방보안국—옮긴이) 스파이 알렉산드르 리트비넨코의 노골적인 암살에 뒤이어 일어났다. 그 여파로 영국과 러시아의 관계는 심하게 나빠졌으며 스크리팔 사건은 그 악화 추세를 더욱 가속화했을 뿐이다. 솔즈베리 사건에서 잠시 시선을 돌려 런던을 살펴보자. 런던은 러시아를 떠난 초갑부 집단과 그 투자 포트폴리오의 본산이며 러시아는 그들의 돈 가운데 일부를 러시아에서 '훔친 돈'이라고 간주한다. 러시아와 영국은 무엇이 진실이고 거짓인지를 놓고 언쟁을 벌인다. 그들은 서로에게 각종 혐의를 제기한다. 또한 상대방이 자국의 내정에 간섭한다고 비난한다.

이 사건은 인명(人命), 장소, 그리고 독극물과 돈 같은 사물이 지정학이 작동하는 방식에 얼마나 단단히 결부되어 있는지를 극명하게 상기시킨다. 더 나이 많은 독자라면 1978년 불가리아 비밀정보부가 런던에서 불가리아 반체제 인사 게오르기 마르코프를 독살한 사건을 떠올릴지도 모르겠다. 마르코프는 개조된 우산에서 발사된 독극물에 의해 살해되었다. 런던 한복판에서 일어난 마르코프 살해 사건은 냉전기에 벌어진 일이다. 2018년 솔즈베리 독살 사건의 경우에는 몇몇 지리적 문제가 여전히 해명되지 않은 채 남아 있다. 독극물이 어떻게 솔즈베리로 운반되었고, 누가 그 일을 지시했으며, 암살자들은 어디로, 어떻게 들어갔다가 범행 현장을 뜰 수 있었을까? 그 질문 중 일부 답변은 추후 몇 주, 몇 달이 지나서 나왔다. 두 러시아 군사정보장교가 범행자로 지목되었다.

그리하여 우리는 질문을 던지고자 한다. 왜 지금 지정학인가? 우리는 1990년대와는 한참 거리가 멀어 보이는 세계로 관심을 집중하고자 한다. 1990년대에 혹자들은 경쟁적/대립적 지정학의 종말을 예견하기도 했다. 그렇게 좋았던 시절도 없었다. 민주주의의 전 지구적 확산, 시장자본주의의 승리, 문화적 세계화는 대립적 지정학을 폐기 처분할 것 같은 기세였다. 공산주의의 최후의 보루인 소련과 중국은 이행이 예정되어 있었다. 그리고 자본주의적이고 민주주의적인 정체성을 새롭게 부여받았다. '역사의 종말'이 우리 앞에 다가왔다.

'지리경제학(geo-economics)'과 전 지구적인 신자유주의 자본주의가 선사하는 부(富) 창출의 기회로 이루어진 멋진 신세계를 환영하라! 그러나 중국과 그 밖의 국가가 부의 생산과 분배에서 상당한 진전을 보였어도 이행은 기대만큼 완전하지 않았다. 러시아의 경우 신자유주의의 충격은 일부 산업가와 연줄이 좋은 관료들에게 입이 떡 벌어지는 이득을 가져다주면서 급격한 변화로 이어졌다. 평범한 시민들의 형편은 고르지 못했다.

보다 최근에는 2001년 세계무역센터 공격(9/11)과 테러와의 전쟁이 '역사의 종말'과 '지리의 종말'에 대한 서양의 만연한 자신감을 흔들었다. 서방 국가들은 그들 자신의 전쟁, 대중 감시 프로그램, 반테러 작전에 빠져들었다. 2007년과 2008년부터 줄곧 이어진 경제 위기는 혼란만 한층 강화했다. 2014년 미국 작가 월터 미드(Walter Mead)는 〈포린 어페어스 Foreign Affairs〉에서 독자들에게 "지정학이 돌아왔다"고 말했다. 러시아, 중국, 이란, 북한은 모두 서구가 주도하는 국제 질서에 반기를 들고 있었다. 하지만 나는 이 '귀환'을 더욱 극적으로 보이게 만드는 것은 지미 카터 대통령이 1979년 7월에 경고한 것이었다고 생각한다. 카터 대통령은 자유민주주의 국가가 당연시하는 가치에 대한 신뢰의 상실을 이야기했다. 미국 유권자들은 당시 그의 메시지를 듣고 싶어하지 않았지만 수십 년이 지난 뒤 그의 발언은 일종의 탈냉전 신뢰 배당의 종식을 포착한 듯했다. 서구 지정학의 논조는 이제 뚜렷하게 더 비관적이다—장벽, 울타리, 담장이 세계 전역에 우후죽순처럼 들어서고 있다(그림 1).

지정학이란 무엇인가?

지정학은 세 가지 특징을 포함한다. 첫째, 지정학은 공간과 영토에 대한 영향력과 권력의 문제를 다룬다. 둘째, 지정학은 세계정세를 이해하는 데 지리적 틀을 이용한다. 인기 있는 지리적 모형으로는 '세력권(sphere of influence)', '블록(bloc)', '뒷마당(backyard)', '인접국(neighbourhood)', '주변국(near abroad)' 등이 있다. 셋째, 지정학은 미래지향적이다. 지정학은 각국의 이해관계가 근본적으로 불변하기 때문에 일어날 법한 국가 행위에 관한 통찰을 제공한다. 각국은 자원을 확보하고, 접경지대를 비롯하여 영토를 수호하고, 인구를 관리해야 한다. 푸틴과 트럼프 대통령은 지정학이 매력적인 명제라고 생각할 것이다. 하지만 그들만 그런 것이 아니다. 포퓰리스트, 이데올로그, 혁명가, 반민주적 사상가도 지정학의 단순명쾌함에 이끌려왔다.

앞의 세 가지 특징은 논쟁의 여지가 있다. 우리는 무엇이

1. 이스라엘 서안지구 장벽

국가의 전략적 이익인지에 관해 상충하는 생각을 가질 수도 있고, 지리적 프레이밍을 따져볼 수도 있으며, 지정학적 미래에 관해 논쟁을 벌일 수도 있고 또 논쟁을 벌인다. 그중 마지막 행위는 과거를 회고하며 확실히 향수에 젖어들게 하기도 한다. 지난날의 영화와 승리를 부르짖으며 말이다.

지정학의 미로를 헤쳐나갈 길잡이로서 나는 지정학이라는 용어를 이해하는 두 가지 근본적 방식을 제안하고자 한다.

첫번째는 고전지정학(classical geopolitics)이다. 고전지정학은 국력과 영토적 이해관계, 지리적 환경 간의 상호관계에 초점을 맞춘다. 작가와 정치가는 일반적으로 지리를 지도자의 정치적 선택에 강하게 영향을 미치는, 고정되고 결정적인 요인으로 생각한다. 프랑스 대통령 샤를 드골은 심지어 〔모든 것을〕 '좌우하는 지리의 숙명'에 대해 말하기도 했다.

두번째 사고 경향은 흔히 담론과 이데올로기의 역할에 좀 더 초점을 맞추는 비판지정학(critical geopolitics)이다. 그러므로 비판지정학에서는 지리를 결정론적으로 개념화하기보다는 지리적인 것을 다소 유동적이고 해석에 달려 있는 것이라고 여긴다. 고전지정학이 영토, 자원, 입지에 초점을 맞춘다면 비판적 접근은 인적(人的)인 것과 물리적인 것의 상호작용이 어떻게 '지정학'을 생산하는지에 초점을 맞춘다.

비판적 경향의 근래 연구 작업은 지정학의 더 내밀한 특징들을 강조하고 지정학이 국가와 정부의 전유물이 아님을 분명히 해왔다. 비판지정학과 고전지정학이 만나는 지점은 양쪽 모두 지리적인 것이 중요하다는 데 동의한다는 것이다. 양쪽을 나누는 것은 지리적인 것이 어떻게, 어디서, 왜 중요하느냐의 문제다.

지정학이 실제로 세상을 바라보는 유혹적인 방식을 제공한다면 그것은 지정학이 흔히 단순화와 객관화를 취급하기 때문이다. 여기에는 지도가 한몫을 담당한다. 대중적인 심장부(heartland), 축(pivot), 원호지대(arc), 접경지대 같은 프레이밍 도구도 마찬가지다. 순식간에 우리는 지도 몇 장이나 프레임 몇 개만 있으면 세계를 이해할 수 있다는 말을 듣는다. 지정학은 지구 풍경에 대한 믿음직한 이정표로 내세워지지만 앞에서 언급한 것과 같은 연상적인 지리적 묘사, 은유, 모델을 사용하며, 지난 몇십 년에 걸쳐 '철의 장막', '제3세계', '불량 국가(rogue state)' 같은 그 밖의 많은 표현도 써왔다.

이런 각각의 표현은 (공간이라기보다는) 장소가 그와 같이 파악되고 이름 붙여진다는 의미에서 본질적으로 지리적이다. 그런 다음 그것은 단순한 세계 모델을 생성하는 데 도움을 주고, 그 모델은 외교와 안보 정책 형성에 도움을 주고 영향을 미치는 데 사용되며 지정학적 사안에 관한 공적 논쟁에 기여할 수 있다. 지리는 사건이 단순히 펼쳐지는 일련의 위치

(location)들로 상상된다. 이는 변화가 쉴새없이 일어나고 있는 순간에 더욱 두드러진다. 하지만 지리는 부피만큼 높이와 깊이도 중요한 3차원일 뿐 아니라 규모와 관계와도 얽혀 있다. 위치는 영광스러운 고립 상태로 존재하는 것이 아니다.

지리: '지문(地文)'에 불과하지 않은

살짝 알쏭달쏭한 또다른 용어는 '지리'다. 베스트셀러 『총, 균, 쇠*Guns, Germs and Steel*』(1997)에서 재러드 다이아몬드는 15세기부터 이어진 유럽의 식민 패권은 무기류, 면역력이 없던 공동체에 질병 전파, 목조선을 장갑신·비행기·자동차·기차로 교체한 것을 기반으로 한다고 주장했다. 또한 제국의 지배는 열대 의학과 기반 시설, 장기적 식민화를 용이하게 하는 교역 네트워크의 발전으로도 가능해진다. 책은 많은 찬사를 받았지만 일반화가 과도하고 피식민자들의 행위주체성을 고려하지 않았다는 비판도 적지 않았다. 그럼에도 불구하고 유럽 식민지배는 전 지구적으로 생태적·정치경제적 변화를 가져오는 데 결정적 영향을 미쳤다. 사이먼 루이스(Simon Lewis)와 마크 매슬린(Mark Maslin)은 이 식민주의적 접촉이 뚜렷이 '인류 행성(human planet)'의 도래와 어쩌면 인류세 — 인간 행위의 집단적 충격이 지구의 기후를 변화시키기 시작한 순간—자체도 불러온 것이 아닌가 하고 평가한다.

지리학자들이 강조하는 것은 역동적 인간-환경 관계이므로, 따라서 지리의 역할을 유럽인/미국인이 제국적 모험의 일환으로 통달한 날씨와 환경(열대, 무역풍과 같은)으로 전적으로 환원해서는 안 된다. 또 인간사에 대한 모종의 불변 배경처럼 당연시해서도 안 된다. 지구의 기후는 지난 1만 년간 매우 안정적이었지만 한결같이 그랬던 것은 아니었다. 그러므로 지정학(geopolitics)에서 '지(geo)'에 관해 생각할 때 우리의 과제는 어디선가 사건이 항상 벌어진다고 간단하게 결론을 내리지 않고 지리적인 것이 인간사에 개입하는 다채로운 방식에 관해 사고하는 것이다.

지리(geography)는 그 어원이 시사하듯이 '땅의 글쓰기(earth writing)'로 생각할 수 있다. 공간을 묘사하고, 차지하고, 조직하고, 특정한 비전과 계획이 부여된 공간을 창출하기 위한 행위주체와 조직의 힘을 부각하는 활동이다. 지리는 민족 형성(nation building)과 근대 영토 국가의 탄생에 불가결했고, 지금도 불가결하다. 하지만 지구의 지리들은 심지어 근대에도 안정적이고 고정적이었던 적이 한 번도 없다. 우리는 1500년에서 1850년 사이에 '소빙하기(Little Ice Age)'를 겪지 않았던가?

인간-환경 관계가 바뀌는 만큼 지리도 변화 가능하다. 남중국해의 인공 섬들에 대한 중국의 투자는 다른 나라들의 세력을 배제하면서 자국의 존재감을 공고히 하고 점유한다는 명시적인 목적을 위해 준설과 간척 사업이 이루어지고 있음을 보여주는 좋은 사례다. 지리는 재설계된다(re-engineered). 필리핀, 말레이시아, 브루나이, 베트남은 중국이 불법적으로 행동하고 있으며 인공 섬을 건설할 권리가 없다고 한목소리로 외치고 있다. 미국 등 다른 나라들도 이 해역에서 항행의 자유에 관해 우려를 나타낸다. 하지만 최종 결과는 중국이 남중국해의 물리적 지리와 인간 지리를 개조하고 있다는 사실이다.

또한 고정된 지리가 아닌 유동적 지리를 말할 때 우리는 지금도 진행중인 기후 변화의 충격을 지적할 수도 있다. 지구가 계속해서 따뜻해짐에 따라 해수면 변화로 세계 일부 지역은 인간이 거주할 수 없는 곳이 되고, 인구 증가로 지구 자원에 대한 수요도 더 늘어나므로 물리적 지리와 인간 지리도 바뀔 것이다. 지정학에 대한 근본적인 도전 하나는 행성의 변화와 대양, 극지방, 심지어 화성이나 달과 같이 새롭게 떠오르는 전선을 개발, 이용하려는 움직임을 어떻게 이해할 것인가가 될 터다. 식량, 에너지, 물과 같은 그 밖의 자원에 대한 압력이 그 어느 때보다 커질 가능성이 크다. 지정학의 적응 변화를 도모하는 것은 고사하고 과연 지구가 계속 생명체들을 유지하게 할 수 있을지 갈수록 심각하게 검토해야 할 것이다. 인류세의 지정학에 온 것을 환영한다.

또한 지리는 신체, 장소, 사물, 과정 등이 국지적·국가적·지역적·지구적 차원에 걸쳐 서로 묶여 있으므로 네트워크로 연결되어 있고 특정 척도에 따라 규정된다. 수전 스미스(Susan Smith)와 레이철 페인(Rachel Pain)은 이렇게 엮인 상호연결성을 이중나선구조와 같다고 말한다. 지리는 고무 밴드처럼 작동한다. 그것은 늘어났다가 줄어들었다가 할 수 있다. 사람들과 사물들은 시공간 압축의 형태로 서로 가까워지기도 하지만 멀어질 수도 있다.

지난 몇 년간 지리학자들은 통신과 운송 네트워크의 변화를 이용하여 흐름과 장소 사이에 역동적 관계가 존재한다는 이 근본적 요점을 지적해왔다. 지리학자 도린 매시(Doreen Massey)는 장소와 사람들이 들쭉날쭉한 방식으로 끊임없이 만들어지고 개조되고 있음을 주장하고자 권력-기하학(power-geometry)을 거론했다. 이를 지구화에 적용하면 도린 매시는 장소가 다양한 물리적 및 디지털 네트워크와 관계를 통해 돈과 사람, 테크놀로지의 지구적 흐름을 절충하고 있다고 주장했다. 지리가 전멸했다기보다는 장소가 불균등한 공간적 관계와 변화하는 활동 궤적에 따라 형성되는 셈이다. 인터넷 기술은 계속하여 여러 공간과 장소, 사람을 사이버전,

시민활동 집단, 인터넷 거래를 비롯한 다수의 활동을 통해 하나로 연결한다.

지정학적이고 기술적인 변화가 항상 달가운 것만은 아니다. 누군가는 과거의 지리와 역사에 확고히 뿌리박기를 바랄지도 모른다. 관료제의 틀에 박힌 업무 수행은 지정학적 지도와 비전을 재생산하는 데 일조할 수도 있다. 한국의 역대 정부는 지난 70년 동안 함경북도를 비롯하여 5개 도의 도지사를 임명해왔다. 여기서 신기한 점은 그 5개 도가 실은 북한에 있고 도지사들은 누구도 자기 관할 지역에 한 번도 가본 적이 없다는 사실이다. 하지만 5개 도지사는 이북5도위원회의 구성원이다. 북한 정부의 합법성을 인정하지 않으려는 한국은 1953년에 그어진 휴전선이 한국 정부에 유리하게 변경될 날에 대비하여 관료 조직을 유지해왔다. 놀랍게도 100명의 시장과 거의 1000명에 달하는 공무원이 이북5도위원회에 소속되어 있다. 전부 다 유급 직책이다. 이 조직을 유지하는 데는 한국 국민들이 낸 세금이 연간 500만 달러가 소요된다. 위원회는 실제로 각종 문화 사업과 통계 업무를 수행하지만 북한과 직접 접촉하는 것은 금지되어 있다.

마지막으로 지리에는 지정학적 조우에서 각자 역할을 하는 인적·비인적 행위자가 존재한다. 물고기떼처럼 이동성 자원은 어느 한 공간에 고정되어 있지 않고, 움직이는 자원이 그 자원을 관리하고자 하는 사람들에게 어떻게 압박을 가하는지를 상기시켜주는 유용한 실례다. 북극권의 원주민 부족들에게 물범, 북극곰, 고래, 순록에 대한 접근권은 지역사회의 복리와 떼려야 뗄 수 없으며 국가와 기업의 일체 간섭은 지역사회에 유해하다. 해빙과 영구동토층은 중대한 기반 시설이다. 에너지 기반 시설 공사나 군사적 투자 프로그램으로 전통적인 자급 채집활동에 간섭하면 지정학은 별안간 매우 개인적인 일로 다가온다. 그리고 국가와 정부가 군사적 프로젝트와 안보 프로젝트를 실시하면 그것이 미치는 충격은 공간에 걸쳐 다를 뿐 아니라 개인에게 영향을 주는 방식도 제각각이다. 우리는 비슷한 방식으로 '지정학'을 느끼고 체험하지 않는다 — 그러므로 공간의 권력-기하학에 관한 도린 매시의 논점은 유의미하다.

인류세의 지정학에는 여러 권력-기하학이 존재하며 대기권, 생물권, 암석권, 수권에서 존재감을 드러낸다. 세계가 계속 따뜻해지고 기후 변화와 환경 변화를 겪는 가운데 인간이 살 수 있을 만한 환경에서 거주하려는 압력은 더욱 커지리라고 보는 것이 합리적이다. 서늘하고 건조한 곳에 계속 거주하려는 욕망이 미래에는 중대한 지정학적 원동력이 될 수 있다.

비판지정학을 옹호하며

이 '첫단추 시리즈'『지정학』은 성격과 범위에서 공공연하게 비판적인 비판지정학(critical geopolitics)을 자처한다. 비판지정학은 환경 결정론에 뿌리를 두고 있지 않다—우리는 지리에 갇혀 있지 않다. 팀 마셜의『지리의 힘*Prisoners of Geography*』은 열 장의 지도로 '모든 것'을 설명하겠다고 약속한다. 고전지정학은 엄선한 2차원 지도로 지구사와 지리를 단순화할 수 있다는 저 자신감을 전형적으로 보여준다.

지정학을 비판적으로 이해한다는 것은 우리에게 그 이상이 필요하다는 뜻이다. 먼저 열 장의 지도로는 충분하지 않을 것이다. 2차원 지도는 우리가 구체의 땅에 살고 있다는 사실을 인식하고자 할 때 한참 미흡하며 지구의 깊이, 높이, 부피는 우리와 타인들이 살아가고 일하는 방식에 차이를 만들어 낸다. 그리고 고작 열 장의 지도에만 우리 자신을 국한한다면 세계의 부자와 강자, 거대 행위자만 특권화할 위험이 있다.

한 가지 예를 들어보자. 만약 우리가 강대국 지정학에 초점을 맞추는 대신 '원주민지정학(indigenous geopolitics)'을 이야기하면 어떨까? 원주민지정학은 원주민 집단들이 더 넓은 세계를 상상하고 동원하고 그와 상호작용하는 방식을 가리킨다. 국제연합(UN)은 원주민 집단들의 권리를 인정하며(예를 들어 원주민 권리에 관한 국제연합 선언) 오스트레일리아, 캐나

옥스퍼드 세계사

펠리페 페르난데스아르메스토 외 10인 지음 | 이재만 옮김
173×225 | 684쪽 | 38,000원

우주의 망대에 올라선
은하계 관찰자의 시선으로 바라본 세계사
지도·그림·사진 150컷

세계의 석학들이 모여
새로운 역사관을 반영한 최신 세계사 책
다중 시점으로 과거와 현재,
지역과 세계를 한 번에 조망하다

사회사상의 역사
마키아벨리에서 롤스까지

사카모토 다쓰야 지음 | 최연희 옮김
149×126 | 512쪽 | 33,000원

자유와 공공에 대해 깊이 생각해보기 위하여

정치, 경제, 철학의 범위를 넘어
근대사회의 저류를 형성하는
온갖 지적 자극으로 가득찬 최상의 안내서

길 위의 역사학자, 이이화

이이화의 동학농민혁명사(전3권)

145×210 | 총 868쪽 | 세트 47,000원

새로운 세상을 꿈꾼 민초들의 혁명사
누가 봉기의 횃불을 들게 하였는가!
50여 년간 연구한 '동학농민혁명'을 총정리하다

허균의 생각

145×210 | 324쪽 | 15,000원

천하에 가장 두려운 존재는 오직 백성뿐이다!
허균이 생각하는 정치, 학문, 문학
왜 그는 당대의 권위에 도전하였는가

이이화의 한 권으로 읽는 한국사
옛조선부터 6월 항쟁까지

145×210 | 496쪽 | 20,000원

역사는 사회의 방향이고 우리의 미래다
역사는 역진하지 않는다
민중은 반드시 역사를 진전시킨다!

다와 같은 정착 식민국가들은 과거의 잘못과 향후 자원 권리 및 문화적 헤게모니를 인정하는 내용의 정치 협약과 토지 청구권 합의를 체결했다. 사정이 그렇게 간단하지는 않지만 원주민 공동체는 일부의 경우에는 상당한 토지와 자원 보유자로서 국제기구와의 협력을 비롯하여 자신들만의 정치적·경제적·문화적 전략을 발전시켜 나아가고 있다.

원주민 행위자들만이 유일한 지정학 행위자는 아니다. 지정학은 일상의 맥락 안에 자리잡고 있다. 우리는 모두 지정학 생산자이자 소비자다. 지정학은 때로는 극적으로, 때로는 미묘하게 구현되고 경험된다. 지정학을 통해 사물(예를 들어 깃발)과 비인간 행위자, 그리고 〔자연력을 비롯한〕 여러 힘(예를 들어 '동쪽에서 온 괴수(Beast from the East)' 같은 극한 날씨(2017년에서 2018년 겨울에 영국을 강타한 한파를 말한다 — 옮긴이))은 자연계와 인간계를 우리가 어떻게 이해하는지에 관한 단서를 제공한다. 영국에서 극한 날씨는 동쪽에서 찾아오고 온화한 날씨는 서쪽에서 온다. 어휘를 사용할 때 나는 '지리적 사실'보다는 상상적 대상, 장소, 공간에 관해 이야기하는 편을 선호한다. 나는 영토상으로 정의된 국가나 거대 권력, 대통령이나 총리 같은 특정 행위주체에 고착되지 않은 접근법을 옹호하고자 한다.

그런 대상에만 집착하다보면 많은 것을 놓칠 우려가 있다.

우리는 서로 다른 인간 행위주체와 동물, 날씨, 생태계와 같은 비인간 행위주체의 역할을 간과하게 된다. 집과 일상을 비롯하여 살펴볼 수 있는 지정학적 현장의 복수성(複數性)을 과소평가할 수도 있다. 마지막으로 우리는 앞의 논점들을 염두에 두고 비판지정학이 강자의 이해관계에 호소하지 않도록 해야 한다. 그 이해관계를 어디서 찾을 수 있는지는 모르겠지만 말이다. 우리에게는 열 장 이상의 지도가 필요하며 다른 종류의 지도도 필요하다.

지정학을 대중문화와 잇기

지정학은 다면적이고 다축적적(multi-scalar, 여러 규모에 걸쳐 작동한다는 뜻—옮긴이)이며, 멀티미디어다. 이는 TV 토크쇼, 신문 사설, 소셜미디어에서 주고받는 메시지, 라디오 프로그램 청취자 전화에서 드러난다. 우리 일상의 삶에서 매일같이 접하고 체험한다는 의미에서 대중적이기도 하다. 일례로 마거릿 애트우드의 디스토피아 소설 『시녀 이야기*The Handmaid's Tale*』를 각색한 드라마는 시청자들에게 왜 그렇게 인기가 많았을까? 지정학에 관해 우리에게 말을 거는 무수한 정보원(source)과 방법이 있다고 결론을 내려도 될 듯하다. 마거릿 애트우드를 거론한 것은 내가 선호하는 지정학 정보원이 영화와 TV 시리즈, 소설이기 때문이다.

또다른 종류의 대중지정학은 감추어져 있다가 대중문화와 미디어가 수면 위로 떠오르게 하여 대중적 관심을 촉발할 때만 화젯거리가 되기도 한다. 일찍이 영화 〈에너미 오브 더 스테이트〉(1998)가 국가가 시민들을 감시하는 사회를 상상했다면 몇 년 뒤 전직 국가안보국(NSA) 직원 에드워드 스노든은 마치 영화처럼 그런 세상을, 다시 말해 미국이나 영국 같은 일부 국가가 인터넷 서비스 회사들과 통신 회사들을 끌어들이고 그들의 도움을 받아 자국민과 전 세계 다른 사람들을 감시하는 세상을 폭로했다. 하와이를 떠나 홍콩을 거쳐 결국 모스크바에 정착한 스노든의 행보는 2013년 신문의 헤드라인을 장식했고 지정학과 안보가 빅데이터 소스의 은밀한 분석을 통해 결정되고 있는 세상에 대중의 이목을 집중시켰다. 신문의 폭로 덕분에 시민들은 프리즘(PRISM)이라는 프로그램의 규모와 범위를 설명하는 마이크로소프트 파워포인트 슬라이드의 존재를 알게 되었다. 프리즘(2007년부터 사용하기 시작)은 미국 메릴랜드주 포트 미드에 근거지를 둔 미국 국토안보국이 운영하는 대량 데이터 발굴(data-mining, 대규모 자료를 토대로 새로운 정보를 찾아내는 것 — 옮긴이) 프로그램이다. 스노든은 이 활동이 미국 대중이 의심하는 것보다도 훨씬 더 광범위하며 통신 회사들이 고객들의 전화와 인터넷

통화 내역, 검색 기록을 정부에 넘기라는 명령을 받고 있다고 주장했다.

2016년 올리버 스톤이 감독한 영화 〈스노든〉이 개봉되어 엇갈린 평가를 받았지만 이 작품은 실제로 냉전기 동안 수립되고 9/11 이후로 강화된 군사-정보-감시 복합체를 직시한다. 스노든의 폭로 내용은 대중적인 것과 엘리트적인 것 같은 범주가 어디서 시작되고 끝나는지 구분하기 어려움을 시사한다. 스노든의 폭로 뉴스가 터져나왔을 때 정치평론가들은 감시 차원에서 중요한 쟁점이 무엇인지를 설명하고 이 군사-산업-통신 복합체의 장소와 공간을 독자들에게 전달하고자 〈에너미 오브 더 스테이트〉 같은 영화를 언급했다. 그러므로 문화 생산물은 지정학에 관한 이해를 형성하는 데 기여했고 프리즘 기밀 누설 사안은 오스트레일리아, 브라질, 이스라엘, 영국 같은 미국의 우방국들이 테러와의 전쟁을 명목으로 자국민 감시에 공모했다는 혐의 제기에 맞설 수밖에 없게 됨에 따라 일련의 외교적 사태를 불러왔다(상자 1).

세번째 종류의 대중지정학은 포퓰리즘적이라고 할 만한 것이다. 이 대중지정학은 어떤 사람들에게는 인기가 있는 반면, 어떤 사람들에게는 인기가 없을 수도 있다. 트럼프 대통령의 구호인 "미국을 다시 위대하게"는 좋은 사례다. 미국의 위대함을 되찾기 위해서는 국경을 안전하게 지키고, 이민을

상자 1 중국 액션 영웅 : 렁펑

2017년 〈특수부대 전랑 2〉라는 중국 액션 영화가 개봉되었다. 영화는 〈스페셜포스: 특수부대 전랑〉의 후속작이었다. 유명한 중국 영화배우 겸 감독인 우징(吳京)을 필두로 중국과 미국의 배우들이 출연한 이 영화는 세계 곳곳에서 작전을 수행하는 특수부대원(렁펑)의 곤경과 활약상을 다룬다. 서구 관객들이라면 이 영화에서 아널드 슈워제네거와 실베스터 스탤론 같은 액션 스타들이 찍은 1980년대 영화들과의 유사성을 많이 발견할 것이다. 영화 〈특수부대 전랑 2〉의 시의성은 두 가지 방면에 걸쳐 있다. 첫째, 영화는 중국에서 엄청난 인기를 누렸다. 역대 중국 관객 동원 기록을 다시 썼을 뿐 아니라 2017년 전 세계 흥행 수익 순위 7위를 차지했다. 둘째, 중국 부대원들이 무기 거래상, 해적, 용병을 뒤쫓으며 아프리카와 그 밖의 세계를 종횡무진하는 영화의 줄거리는 근본적으로 중국의 군사력에 관한 것이다. 화면에는 중국산 헬리콥터, 선박, 선진 무기류가 두드러지게 등장한다. 특수시각효과와 솜씨 좋게 촬영된 전투 장면을 선보이는 영화는 어느 모로 보나 한 편의 액션 스릴러다. 영화 홍보 포스터에서 렁펑은 "누구든 중국을 건드리면 아무리 멀리 있어도 반드시 처단한다"라는 문구와 함께 등장한다.

2. 미국 제45대 대통령 도널드 트럼프

제한하며, 미국인의 일자리를 보호하고, 국제안보-무역 질서가 미국의 짐이 되지 않게 해야 한다. 많은 트럼프 지지자에게 '안전한 미국'이라는 비전은 매력적이었고 대통령의 사소한 과오들은 문제되지 않았다(그림 2). 이탈리아의 오성운동당, 영국의 브렉시트 지지자들 같은 다른 정당과 정치운동도 포퓰리즘 지정학의 비전들을 동원했고, 열정적인 방식으로 그렇게 했다. 포퓰리즘 지정학은 국가가 '일반 국민(the people)'의 부담으로 재정과 이민을 어떻게 관리하는지를 중심으로 작동한다.

이 책에서 대중지정학이라는 용어는 지정학적 재현과 관행이 지구적 정치를 만들어내는 제도 및 구조와 연관되어 있다는 의미를 전달하기 위해 사용되는데, 그중 어떤 것은 대중화될 수도 있고, 어떤 것은 포퓰리즘적일 수도 있다. 다시 말해 2016년 영국에서 실시된 유럽연합(EU) 국민투표 운동 기간 동안 매우 대중화된 "주도권을 되찾자" 같은 브렉시트 구호는 포퓰리즘 지정학을 실증한다. 탈퇴 지지 운동가들에게 유럽연합에서의 탈퇴는 영국이 국가적 주권을 되찾고 국경에 대한 절대적 통제권을 되찾게 해줄 것이라는 뜻이었다.

제 2 장

지적인 독?

1954년 미국 지리학자 리처드 하츠혼(Richard Hartshorne)은 지정학을 지적인 독(毒)이라고 성토했다. 제2차세계대전 당시 그는 전략사무국(미국 중앙정보국CIA의 전신)에서 근무했고 미 군부를 위해 지리 정보를 만드는 데 기여했다. 아이제이아 보먼(Isaiah Bowman) 같은 이전의 다른 지리학자들과 마찬가지로 리처드 하츠혼은 지정학이 지적으로 기만적이고, 경험적 증거와 배치되어 왜곡되어 있으며, 이데올로기적으로 음험하고, 나치즘(그리고 일본과 이탈리아 파시즘을 비롯한 그 밖의 파시즘의 변종)과 종족학살, 인종주의, 공간적 팽창주의, 장소 지배처럼 나치즘과 연관된 정책과의 관련성으로 오점을 씻을 수 없다고 여겼다.

이런 악평을 고려할 때 미국과 소련을 비롯한 다른 지역의 많은 지리학자가 이 지적인 영역으로 들어서는 것을 탐탁지 않게 여긴 것은 그다지 놀랍지도 않다. 그러므로 지정학은 하나의 학문으로 정립되고 처음 50년 사이에(게다가 '지정학'이라는 단어가 만들어지기에 앞서 프리드리히 리스트(Friedrich List)를 비롯하여 19세기 작가들의 전사(前史)도 존재한다) 일단의 지리학자들은 물론, 더 중요하게는 〈리더스 다이제스트〉, 〈라이프〉, 〈뉴스위크〉와 같이 널리 읽히는 미국 정기간행물에 기고하는 작가들의 비난을 면하지 못했다. 따라서 지정학이 파란만장한 지적 역사를 거쳤다는 말은 다소 절제된 표현일 것이다.

지정학은 처음에 어떻게 그런 오명을 얻게 되었을까? 1939년 11월 잡지 〈라이프〉는 독일 지리학자 카를 하우스호퍼(Karl Haushoffer)에 관한 글을 실으면서 그를 독일인 '지정학의 교주'라고 묘사했다. 그 글은 지정학이 하나의 과학적 활동으로서 나치즘에 전략적 합리성의 인상을 심어줄 뿐 아니라 나치즘에 일종의 사이비 영성(靈性)을 부여한다고 주장했다. 두 측면은 지정학에 대한 대중과 학계의 태도를 형성하는 데 중요했다. 한편으로 지정학은 진지한 학문적 관심을 기울일 가치가 없는 사기 행각으로 치부되었지만, 다른 한편으로 비판가들은 지정학에 지구상의 영토와 자원을 전략화하고 시각화하는 비상한 힘을 부여했다. 그러므로 '교주'라는 표현은 전적으로 순수한 의도에서 사용한 것이 아니다. 나치즘이 초자연적인 기운과 사악한 목적의식을 지니고 있다는 느낌을 전달했기 때문이다.

1941년 가을 〈리더스 다이제스트〉는 최소 1000명 이상의 과학자가 지적으로 무장하고 히틀러와 독일 민족(Volk)의 지정학적 상상력을 뒷받침할 태세를 갖추었다는 사실을 독자들에게 알렸다. 프레더릭 손던(Frederick Sondern)은 〈커런트 히스토리Current History〉와 더불어 〈리더스 다이제스트〉의 대중 독자들을 상대로 글을 쓰면서 세계 정복을 위한 히틀러의 계획을 뒷받침하는 데 선념하며 뮌헨에 기반을 둔 지정학 연구소라는 조직을 묘사했다. 필자는 미국인들, 심지어 독일 국민들도 이 지정학 천재들의 존재와 그들이 꾸미고 있는 지도와 통계상의 획책을 거의 모르고 있다고 우려를 표했다.

이 수상쩍은 기관과 독일 지정학에서 기인한다고 여겨지는 비상한 힘에 대한 우려가 워낙 컸던 터라 루스벨트 대통령은 그 문제에 관한 일련의 연구를 의뢰했다. 연구를 수행한 전문가들은 1000명의 과학자와 기술자가 히틀러를 위해 일하고 있다는 주장에 의문을 표했지만 지정학이 침공, 강제 추방, 대량 살상을 포함한 독일의 국가 정책에 지적인 근육을 제공하고 있다는 데는 동의했다. 지정학이 그런 국가 정책과

결탁되어 있다는 비난을 더욱 심각하게 만든 것은 카를 하우스호퍼 같은 일부 주도적 인사가 나치 정권과 밀접하게 연관되어 있다는 사실이었다. 학계와 정관계 사이의 이런 교차는 지정학이 이데올로기적으로 파산했고 도덕적으로 의심스럽다는 비난에 신빙성을 더하는 데 결정적이었다.

제2차세계대전이 끝날 무렵 지정학은 나치즘의 시녀로 널리 매도당하는 상태였고 전후 세대 학자들 전체와 그들이 정치지리학에 관해 쓴 교과서에서는 지정학을 논의 대상에서 아예 제외했다. 미국을 근거로 활동하는 지리학자 래디스 크리스토프(Ladis Kristof, 〈뉴욕타임스〉 칼럼니스트 니컬러스 크리스토프(Nicholas Kristof)의 아버지)가 1960년대 초에 미국에서 그 용어를 부활시키려고 애썼을 때 그는 동료들에게 십자포화를 받았고 지면에서 지정학이라는 용어를 언급한 것만으로도 비난을 받았다. 지정학은 하나의 용어이자 지적 영역을 나타내는 표시로서 많은 부담을 안고 있었다.

지정학이라는 '학문'의 기원

1940년대와 그 이후까지 미국 비판가들이 느낀 경각심과 공분을 이해하려면 지적 용어로서 지정학의 유래를 온전히 파악해야 한다. 1899년 스웨덴 정치학 교수 루돌프 셸렌

(Rudlof Kjellén)이 만든 이 용어는 흔히 국가의 조건 형성에 영토와 자원의 역할을 특히 강조하는 국제 정치에 대한 매우 냉혹한 또는 더 현실주의적인 접근법을 의미하는 것으로 여겨진다. 이 지정'학'('science' of geopolitics)은 지구의 자연 지리라는 '사실'(대륙과 대양의 배치, 여러 나라와 제국을 대륙 세력과 해양 세력으로 구분)에 입각하여 국제 정치에 관한 '법칙'을 상정했다. 루돌프 셸렌은 국가와 국가 사이의 분쟁에 관한 기존의 접근법이 과도하게 법 형식주의적이라고 보고 이에 반발하여 1890년대와 1900년대의 학계와 통치 지향의 세계에 과학적 지정학을 도입했는데, 이는 마침 시기가 적절했다.

지정학은 합성어로서 새로움을 암시했기 때문에 흥미를 끌었다. 그것은 국가의 지리적 차원과 세계 정치 내에서 그 위치에 관해 흔히 지나치는 것을 탐구하기 위한 용어였다. 루돌프 셸렌은 나중에 스웨덴 의회의 보수당 의원이 되었고 스웨덴 민족주의와 외교 정책 구상에 관한 통렬한 견해로 유명해졌다.

지정학이 새로운 학문이었다는 주장은 살짝 오해의 소지가 있으며 지정학이 왜 매력적인 용어이자 유럽대륙 전역에서 지적 관심사가 되었는지를 부분적으로만 설명해줄 뿐이다. 지정학은 전에는 대학 강의실보다는 18세기와 19세기 내내 외무부와 전쟁부에서 수행하던 더 전통적인 형태의 국가 통치술과 국가 이해타산의 20세기판 학문적 재정식화가 아닌가? 하지만 국제 정치적 관계를 형성하는 데 지리의 중요성을 논의하던 다른 지적인 맥락도 존재했다. 독일 작가 프리드리히 리스트(Friedrich List)는 그런 논의의 중요한 사례다. 그는 『정치경제의 국가적 체계*Das Nationale System der Politischen Ökonomie*』(1841)에서 독일 정치가들에게 지리적 요인의 중요성(예를 들어 한 나라의 해로와 육로 접근성, 영토 팽창 잠재성, 자원의 풍부함)에 관해 조언했다. 세라 오하라(Sarah O'Hara)와 마이크 헤퍼넌(Mike Heffernan)은 이 같은 초기 지정학과 관련된 많은 관념이 당시 정부 문서와 언론의 추측에서 익히 예시되고 있었음을 보여준 바 있다. 지정학은 19세기 후반의 특정한 관심사에 대한 반응으로 출현했지만 이전에 학계 외부에서 수행되던 행위에 대한 학문적 식민화를 더 반영하는지도 모른다.

세 가지 요인이 지정학을 하나의 뚜렷한 학문 분야로 확립하는 데 기여했다. 첫째, 영국과 프랑스 같은 제국주의 유럽 국가가 변화하며 점차 상호연결되는 지구적 경제의 본질에 적응하는 데 고전하면서 경제민족주의와 보호무역주의가 떠올랐다. 무역 강국으로서 미국이 대두하면서 이 유럽 열강 사이에 더 큰 불안감을 조성했다. 둘째, 제국 열강은 19세기 중반부터 말까지 아프리카와 그 밖의 지역에서 공격적인 영토

확장을 추구했다. 제국의 전리품이 쌓여가는 동안 유럽 열강은 식민지 영토에 대한 소유권과 접근권을 놓고 대립했다. 영국과 프랑스는 북아프리카에서 여러 차례 긴장과 대립에 휘말렸고 영국과 러시아는 중앙아시아에서 '그레이트 게임'이라는 명목 아래 계속해서 엎치락뒤치락했다. 저명한 영국의 지정학 저술가 해퍼드 매킨더(Halford Mackinder)는 1490년대 콜럼버스의 아메리카대륙 상륙에 따른 탐험과 식민화 시대가 끝났다는 의미에서 그 새 시대를 탈콜럼버스시대(post-Columbian era)라고 불렀다. 결국 영국과 독일 같은 나라는 재무장에 들어갔고 군비 경쟁 격화는 무력 충돌이 유럽 국가들의 머나먼 식민지에서 일어나기보다는 유럽에서 벌어지지 않을까 하는 두려움을 불러일으켰다(상자 2). 마지막으로 대학의 성장과 학문 분과로서 지리학의 정립은 학자들이 그 주제에 관해 가르치고 연구할 새로운 기회를 제공했다. 이른바 지정학의 과학적 위상은 지적 정당성과 정책적 적합성을 자임하는 데 중요했다.

경제적·지정학적 영향력 측면에서 미국의 역할은 유럽과 유럽 제국의 전초기지에 대한 이런 초창기 지정학적 분석을 더욱 복잡하게 만들었다. 프레더릭 잭슨 터너(Frederick Jackson Turner) 같은 당대 관찰자들이 단언한 대로 북아메리카대륙의 팽창이 자연적으로 완료됨에 따라(동부에서 시

상자 2 가상침공 소설과 지정학적 불안의식

가상침공 소설은 1870년대에서 1914년 사이에 상당한 인기를 얻은 역사적 장르다. 가장 잘 알려진 작품 중 하나는 독일 군대의 잉글랜드 가상침공을 다룬 조지 체스니(George Chesney)의 『도킹 전투*The Battle of Dorking*』다. 또다른 작품으로는 어스킨 칠더스(Erskine Childers)의 『모래톱의 수수께끼*Riddle of the Sands*』가 있는데, 여기서는 두 영국인이 휴가차 요트여행을 떠났다가 은밀히 침공을 준비 중인 독일 바지선 선단을 우연히 발견하고 침공 계획을 저지한다. 1914년 영국에 대한 가상침략을 다룬 책은 400권 넘게 출간되었다. 가상침공 소설의 대중적 인기는 영국과 독일의 경쟁관계, 재무장, 아프리카와 지중해에서 제국적 경쟁과 관련된 당대의 시대정신에 크게 빚지고 있다. '외국인들'과 독일 스파이 네트워크에 대한 대중의 두려움도 그에 따라 커졌다.

가상침공 소설은 1904년 동아시아의 지배를 둘러싸고 일본이 러시아와 대립하던 시기에 일본에서도 등장하여 인기를 누렸다. 미국에서는 H. 어빙 핸콕(H. Irving Hancock)이 독일군의 침공과 북동부 해안지방의 점령을 다룬 소설을 썼는데, 여기서 미국 군대는 끝내 침략자들을 물리친다.

작된 팽창의 흐름이 서부 태평양에 도달했다는 의미 — 옮긴이) 미국의 변경지대는 '닫히고' 있었다. 1860년대에 러시아로부터 알래스카를 매입한 데 이어 1890년대 후반에 미 제국은 쿠바와 필리핀, 푸에르토리코를 아울렀다. 토머스 메이핸(Thomas Mahan) 제독은 『해양력이 역사에 미치는 영향, 1660~1783 *The Influence of Sea Power upon History 1660-1783*』에서 당시 시어도어 루스벨트 행정부에 몇 가지 냉철한 조언을 했다. 해군대학 학장을 역임한 토머스 메이핸은 미국의 전략적 사고에 기여할 수 있는 좋은 위치에 있었다. 17세기와 18세기에 영국과 프랑스의 해군 경쟁관계를 되돌아보며 그는 한 나라의 지정학적 권력을 결정하는 데 가장 중요한 요인을 하나만 꼽으라면 바로 해군력의 획득이라고 주장했다. 해양 세력은 '팽창의 시녀'였고 팽창주의적 미국은 광대한 대서양과 태평양 너머로 자국의 권력을 행사해야 할뿐더러 어떤 적수라도 저지하거나 패퇴할 역량을 갖추고 있어야 했다. 토머스 메이핸에 따르면 주요 위협은 독일과 러시아 제국, 그리고 해상에서의 양국의 야심이었다. 그의 저작은 나중에 번역되어 독일에서 열광적으로 읽혔고 1920년대와 1930년대에 독일의 지정학적 사고를 형성하는 데 도움이 되었는데, 특히 범지역적(pan-regional) 이론화 발전에 한몫했다.

루돌프 셸렌의 저작들은 처음에 독일 학자들의 관심을 빠르게 끌었고 그들은 다양한 지리적 규모에서 정치와 지리 사이의 관계를 자세히 탐구했다. 이와 같은 발상의 이동은 어느 정도는 지리적 근접성과 독일·스칸디나비아 학자들 사이의 교류 덕분이었다. 독일 저자들은 루돌프 셸렌처럼 영토와 자원의 필요에 따라 국가를 개념화하는 데 깊은 관심을 갖고 있었다. 사회진화론의 여러 변종의 영향을 받아 국가와 그 인간 창조자들의 생존 투쟁이 강조되었고 '가장 잘 적응한(fittest)' 국가와 민족을 유지할 필요성도 강조되었다. 라이프치히대학 지리학 교수 프리드리히 라첼(Friedrich Ratzel)에 따르면 국가는 투쟁과 불확실성이 특징인 세계에 존재하는 초유기체로 개념화되어야 한다. 자연과학을 공부하고 찰스 다윈과 장바티스트 라마르크(Jean-Baptiste Lamarck)와 관련된 지적 유산에 정통한 프리드리히 라첼은 국가를 자연환경에 뿌리를 두고 그에 따라 형성된 지정학적 세력이라고 믿었다. 존재를 시험하는 이런 여건 속에서 생존은 말할 것도 없고 번영하기 위해 국가는 영토와 자원을 획득해야 했다.

프리드리히 라첼은 그의 저서 『민족을 위대하게 만드는 원천으로서의 바다*The Sea as a Source of the Greatness of a People*』에서 육지와 바다 모두 영토 팽창과 궁극적 공고화를 위한 기회와 물리적 경로를 제공한다고 파악했다. 성공적이고 강한 국가는 기존의 한계에 결코 만족하지 않고 영토 팽창을 추구하고

'생존 공간'을 확보하고자 할 것이다. 경쟁국들도 그런 공간을 추구할 것이므로 프리드리히 라첼에 따르면 팽창을 추구하는 어느 국가든 성장과 쇠퇴의 끊임없는 순환에 빠져들 수밖에 없다. 생존 공간 모색은 사실상 근본적이고 불변하는 지정학적 법칙이었다. 말 그대로 지구상의 피할 수 없는 현실인 셈이었다. 예상 가능한 일이지만 그는 독일제국의 열광적 지지자였고 독일의 해외 이해관계를 보호할 수 있을 강력한 해군을 주창했다.

다른 많은 저자에게도 유럽의 정중앙이라는 독일의 지정학적 입지와 역사적 경험은 축복이자 저주였다. 독일은 유럽 대륙을 지배할 잠재성을 갖고 있었지만 한편으로는 영토 상실과 불행을 겪은 희생자였다. 1990년 마이클 코린먼(Michael Korinman)이 지적한 바와 같이 독일은 지리학을 가르치는 학과가 대학에 가장 먼저 창설된 '지리학자의 나라'였다. 제1차 세계대전 전야에 나우만, 파르치와 같은 독일 지리학자는 상업적 목표를 확대하고 영토 자산을 늘리기 위해 오스트리아-헝가리 제국과의 동맹 및 강력한 해군력을 주창했다. 1918년 패전과 함께 그런 야심이 가까운 미래에 달성될 가망이 없다는 처참한 깨달음이 찾아왔다. 1919년 파리강화회의와 베르사유조약에 담긴 영토와 재정 배상 조항은 원한의 씨앗을 뿌렸다. 전간기(戰間期, 제1·2차세계대전 사이에 낀 시기 — 옮긴이)

에 프리드리히 라첼의 관념이 되살아났을 때 폴 비달 드 라 블랑슈(Paul Vidal de la Blache)와 같은 프랑스 지리학자들은 초유기체로서의 국가와 관련된 이런 생각이 앞선 영토 축소와 민족 분할에 복수하려고 작정한 독일의 부활을 정당화하는 데 동원될 수 있다고 우려했다.

유럽의 다른 곳에서는 지리학자들과 군장교들이 지정학적 관념과 씨름하며 식민주의, 국가적 재생, 제국적 사명에 관한 보다 폭넓은 논의와 연관시켰다. 예를 들어 1930년대 초반 포르투갈에서 살라자르 정권의 등장은 이베리아반도 너머 더 넓은 포르투갈어권에 대한 포르투갈의 사명과 관련하여 적극적인 관여와 공적인 과시를 불러왔다. 이탈리아에서는 지중해와 아프리카에서 이탈리아의 지정학적 야심을 둘러싼 논의를 촉진하고자 〈제오폴리티카Geopolitica〉라는 학술지가 창간되었다. 두 나라에서는 자국의 지정학적 야심을 국민들에게 알릴 목적으로 학교 교과서와 공공 벽화로 새로운 지도를 유포했다. 에스파냐에서는 지정학적 논의가 북아프리카에서의 에스파냐의 식민지적 야심에 집중되었고 그에 따라 정부도 군사력을 행사할 기회를 호시탐탐 노렸다. 독일에서와 달리 이베리아반도의 지정학적 활동은 유럽대륙의 지도를 다시 그리기보다는 대체로 식민지 영토에 집중되어 있었다.

독일의 군사적 부흥을 둘러싼 두려움이 정당한 것으로 드러났을 때 영국의 지정학 저자 해퍼드 매킨더는 부활한 독일과 신생국 소련 사이 일체의 동맹 가능성에 대항하고자 미국과의 미들랜드오션동맹(Midland Ocean Alliance)을 주창했다(해퍼드 매킨더의 정의에 따르면 미들랜드오션은 '북대서양과 그 부속 바다 및 유역'으로 '교두보가 되는' 서유럽 지역과 영국, 미국, 캐나다로 이루어져 있다—옮긴이). 1924년에 제안된 미들랜드오션동맹은 종종 가장 일찍 발의된 전략적 동맹으로 여겨지며 훗날 1949년 4월 북대서양조약기구(NATO)로 출범하게 된다. 비록 서독은 1940년대 후반에 미국과 영국의 중요한 냉전 동맹국이었지만 전간기의 독일 지정학적 담론은 독일의 문화적 헤게모니와 더불어 영토 회복과 팽창에 사로잡혀 있었다.

지정학과 나치즘

지정학은 예나 지금이나 이데올로그와 포퓰리스트의 주목을 끌었고 1920년대와 1930년대의 대중매체는 지정학적 메시지 확산을 가능하게 했다. 20세기 지정학 역사에서 가장 논쟁적인 요소는 지정학이 나치즘 및 히틀러의 세계 지배 계획과 관련되어 있다는 주장이다. 국가가 초유기체로 간주되고 더욱이 '생존 공간(Lebensraum, 레벤스라움)'을 요구한다는 관념은 전간기 지정학적 담론의 발전에 전적으로 새롭지 않다고 하더라도 위험한 배경을 제공했다.

먼저 국가가 유기체라는 개념은 다른 탐욕스러운 나라들로 구성된 극도로 경쟁적인 환경에서 자국의 이익을 어떻게 보존할 것인가에 초점을 맞추는 세계관을 조장했다. 경쟁에 많은 이해관계가 걸려 있는 것처럼 보일 때 유기체의 생존은 무엇보다 중요하며 한 국가의 건강한 보전을 위협하는 어떤 것에든 적극적으로 대처할 필요가 있다. 따라서 내부적으로 국가를 다스리는 자들은 항시 경계를 늦추지 말아야 한다. 외부적으로 국가라는 유기체의 건강은 영토와 자원의 끊임없는 획득에 달려 있다. 이런 종류의 사고방식은 필요할 때 언제든 행동에 나설 태세가 되어 있는 군사력을 중시하는 세계관(그 밖의 지역, 특히 전후 라틴아메리카 군사 정권에서 매우 열성적으로 받아들이게 되는 발상)을 불가피하게 조장한다. 또한 이런 지정학 논자들은 사회적·정치적 개입의 범위에서 벗어난 특정한 지정학적 현실을 단순히 전달하고 있을 뿐이라고 여겨지기 때문에 도덕적 거리두기를 부추긴다.

비판가들은 루돌프 헤스(Rudolf Hess)와 심지어 아돌프 히틀러(Adolf Hitler) 같은 나치가 1930년대와 1940년대에 독일 내 종족 집단(유대인이 가장 명백한 경우다)과 미국의 역사학자

티머시 스나이더(Timothy Snyder)가 중유럽과 동유럽의 "피에 젖은 땅"이라고 묘사한 지역, 특히 폴란드와 우크라이나를 잔혹하게 희생시키며 독일의 팽창을 도모하고 정당화하는 데 지정학적 관점과 통찰을 동원했다고 주장했다.

이처럼 지정학을 나치즘과 연관짓는 것은 이론(異論)의 여지가 크며 어느 정도는 연좌제에 의존한다. 연좌제 관념은 의미심장한데, 이는 지적인 접점을 가리키기도 하지만 그보다 더 중요하게는 저명한 일부 독일 지리학자와 나치 고위 인사들과의 개인적 친분을 겨냥한다. 히틀러와 힘러, 헤스 같은 그의 동료들은 독일이 적대적 세력에 포위되어 있다고 상상하면서 인종주의, 영토 획득, 살인적인 반유대주의를 정당화하기 위해 지정학적 프레이밍을 이용했다.

지정학과 나치즘 사이의 지적·정치적 연관성 혐의를 제기하는 이런 논의의 중심에는 카를 하우스호퍼 교수의 저술과 사회적 네트워크가 있다. 1869년에 태어난 카를 하우스호퍼는 독일군에 입대하여 1919년에 소장 계급으로 최종 퇴역했다. 그는 군 복무 기간 동안 일본 군대를 연구하기 위해 일본에 파견되었다. 두번째 파견 근무 동안(1908~1910) 카를 하우스호퍼는 일본어를 배우고 일본 문화에 깊은 관심을 갖게 되었다. 그와 일본 군장교들 및 지리학자들과의 교류는 1920년대와 1930년대에 일본지정학협회와 도쿄대학 지정학부 같은 일본 지정학 기관의 출현에 중요한 역할을 했다. 그는 지정학 발전에 지대한 영향력을 미친 거두였다. 그 같은 지적 위상은 독일과 일본뿐 아니라 남아메리카에서도 여전한데, 이 지역에서 카를 하우스호퍼의 저작은 에스파냐어와 포르투갈어로 번역되어 아르헨티나, 브라질, 칠레 같은 나라의 군대에서 광범위하게 이용되었다.

카를 하우스호퍼는 퇴역한 뒤 뮌헨대학 지리학 교수가 되었고 1920년대 중반에는 〈지정학보Zeitschrift für Geopolitik〉를 창간했다. 전임자인 프리드리히 라첼과 마찬가지로 카를 하우스호퍼는(그는 어린 시절 라첼을 만났다) 독일의 생존이 세계 정치의 지정학적 현실에 대한 명철한 인식에 달려 있다고 믿었다. 만약 한 국가가 생존에만 급급하지 않고 번영하고자 한다면 '생존 공간' 획득, 특히 동방에서 영토 획득은 필수적이었고 더욱이 이는 이탈리아, 일본과 같은 잠재적 동맹국의 도움을 받아 달성할 수 있는 일이었다. 소련과의 화해도 중단기적 관점에서는 현명했는데, 이를 통해 양국은 광활한 유라시아대륙에서 각자의 입지를 다질 수 있을 터였기 때문이다. 그는 독일이 번영하려면 독일 지도부가 세계적 열강을 지향하는 국가의 핵심인 다섯 가지 근본 요소를 신중히 고려해야 할 것이라고 믿었다. 다섯 가지 근본 요소란 바로 물리적 위치, 자원, 영토, 형태론적 특성, 인구였다. 만약 독일이 '공간에 갇히'기보다는 '공간을 뛰어넘는' 국가가 되고자 한다면 영토와 자원의 잠재력을 이해하고 그에 의거하여 행동해야 할 터였다.

또한 카를 하우스호퍼는 범지역론이라는 관념을 제시했는데, 이는 독일, 일본과 같은 그 밖의 강국이 타국의 간섭에서 자유로운 자국만의 경제적·지리적 배후지를 개발해야 한다는 이론이다. 독일이 광활한 유라시아 일부를 지배하기 위해서는 소련과의 일정한 합의가 절대적이었는데, 아프리카를 좌지우지하고 있다고 여겨지는 영국과의 공존을 위한 합의도 마찬가지였다. 카를 하우스호퍼의 주요 지리적 지향(志向)은 동방을 향해 있었고 그는 독일이 서아시아와 중앙아시아에 영향력을 행사할 수 있게 할 베를린-바그다드 철도 개발 계획의 열성 지지자였다. 이 계획이 실제로 실현되었다면 베를린-바그다드 철도는 원유 공급원으로의 접근성을 증대하고 〔영국과〕 아시아와의 교역에 지장을 초래할 수 있는 발판(영국이 두려워하던 가능성)을 마련할 수 있었을 것이다. 1919년 파리강화회의가 그런 기획을 추구하던 독일의 야심을 종식했지만 카를 하우스호퍼의 범지역 관념은 동쪽을 바라보는 민족주의자들과 유럽 바깥의 독일 식민지가 보유한 원자재 착취를 고대한 산업가들에게 매력적이었다.

그의 관념이 히틀러의 공간 확장 프로젝트와 인종학살 폭력을 지적으로 뒷받침하는 것처럼 보인 한편으로, 카를 하우스호퍼와 루돌프 헤스와의 우정, 그리고 그가 1930년대와 1940년대에 독일-일본의 고위급 협상과정에 개입한 사실도 눈여겨볼 만했다. 히틀러의 개인 비서와 나중에 나치당의 부지도자로 임명되기 전 루돌프 헤스는 뮌헨대학에서 카를 하우스호퍼 밑에서 공부한 제자였다. 히틀러는 『나의 투쟁*Mein Kampf*』에서 독일이 1919년의 베르사유조약을 뒤집어야 한다는 자신의 믿음을 자세히 설명하고 중유럽과 동유럽을 포함한 새로운 지리적 운명을 추구하기 위해 레벤스라움과 같은 용어를 사용한다.

하지만 두 사람 사이에는 중대한 차이점이 있다. 대체로 공간적 관계와 유기적 국가에 사로잡혀 있던 카를 하우스호퍼와 달리 히틀러는 역사와 지리의 경로를 결정하는 데 민족(그의 경우에는 아리안 종족)의 역할을 훨씬 더 강조했다. 달리 말해 인종에 대한 히틀러의 강박과 독일 및 유럽 유대인 집단에 대한 그의 증오는 카를 하우스호퍼의 저술에서 아무런 지적 영감도 받지 않았다. 만약 두 사람이 동의하는 뭔가가 있었다면 그것은 독일 국가가 '생존 공간', 그리고 그와 관련하여 영토적 배출구가 필요한 초유기체라는 점이었다. 나치 관료들과의 인맥에도 불구하고 카를 하우스호퍼의 영향력은 1930년대 후반과 1940년대 초반에 이르자 점차 약해졌다.

그는 많은 나치와 달리 유대인과 공산주의자로 이루어진 국제적인 음모 집단이 세계 지배를 꾀하고 있다고 믿지 않았고 독일의 국가적 안녕 자체를 위협한다는 독일 유대인들의 과도한 영향력에 대한 히틀러의 강박관념을 지지하지도 않았다. 1941년 소련 정복의 실패로 히틀러와 그의 도당은 독일계 유대인의 대량 강제 이주 계획을 버리고 대신 점령지 폴란드에서 대량 몰살하는 방안으로 눈길을 돌렸다.

1941년과 1942년에 한스 바이게르트(Hans Weigert), 안드레아스 도르팔렌(Andreas Dorpalen), 앤드루 기오르기(Andew Gyorgy), 로버트 슈트라우스-후페(Robert Strausz-Hupe) 같은 망명 독일 지식인들은 독일 지정학이 나치즘의 과학적 공범이라는 생각을 미국 대중에게 확실하게 심어주었다. 카를 하우스호퍼가 나치 위협의 배후에 있는 사악한 천재라고 비난받던 바로 그때 그의 위상과 영향력은 사실 약화되고 있었다. 더욱이 그는 1941년 독일의 소련 침공이 전략적으로 잘못된 선택이라 생각했고 그해에 루돌프 헤스가 영국과의 단독 강화를 추진하려고 몰래 스코틀랜드로 날아갔다는 사실이 밝혀지자 루돌프 헤스와의 친밀한 관계가 오히려 문제가 되었다. 루돌프 헤스가 무슨 이유에서 그런 임무를 자임했는지는 여전히 불분명하지만 그 사건은 독일 지정학 사상이 히틀러와 그 일당에 미쳤다고 하는 영향력에 대한 전환점이 되었다.

카를 하우스호퍼는 히틀러를 폭살하려고 한 1944년 7월 암살 모의에 가담했다는 이유로 아들 알브레히트가 1945년 4월에 처형된 뒤 1946년에 자살했다. 카를 하우스호퍼와 지정학적 관념을 토론한 사람 중에는 미군 대령이자 예수회 사제인 에드먼드 월시(Edmund Walsh) 신부가 있었다. 독일과 소련의 지정학 저작들에 관심이 있었던 에드먼드 월시는 앞서 언급한 독일 망명 저자들처럼 카를 하우스호퍼가 히틀러의 '브레인-트러스트(퀴즈쇼의 전문 해답자—옮긴이)'라고 확신했지만 그가 전범으로 기소되어서는 안 된다고 결정했다. 1945년 에드먼드 월시가 카를 하우스호퍼를 상대로 수행한 자세한 심문 내용을 보면 그의 학술적 평가는 적잖은 무게를 지니지만 그는 히틀러의 인종주의적이고 팽창주의적인 공간 이론과 정책에 카를 하우스호퍼의 지적인 성과물과 개인적 친분이 책임이 있다고까지는 묻지 않았다.

미국에서 전후의 쇠퇴

조지타운대학 외교학부의 학장이 된 에드먼드 월시 같은 명망 있는 관찰자로부터 오명을 얻었으니 지정학의 평판이 누더기가 된 것은 당연하다. 새로운 세대의 미국 정치지리학자들은 그 용어를 거부하고 대신 정치지리학(political geography)을 발전시키는 데 집중했는데, 정치지리학은 지적으로 객관적이고 국가 행위에 대한 환경 요인의 영향과 관련하여 덜 결정론적인 시각으로 용의주도하게 구분되었다. 지정학은 정상화될 수 없었다.

전후 영어권 지정학을 검토한 중요한 글에서 레슬리 헤플(Leslie Hepple)은 1945년에서 1970년 사이 미국 정계와 민간에서 '지정학'이라는 표현이 아예 자취를 감추었다고 주장한다. 미국이나 남극대륙의 지정학과 같은 주제에 관해 학술 저널과 대중 잡지에 많을 글을 발표한 체코 태생의 브리지포트 대학 사회학 교수 조지프 루체크(Joseph Roucek) 같은 극소수의 예외만 제외하면 그 용어는 애써 기피되었다. '지정학'이라는 제목이 달린 조지프 루체크의 모든 글에서 매우 인상적인 점은 그가 그 주제가 차지하는 개념적 영역을 탐구하는 데 거의 아무런 흥미도 보이지 않는다는 사실이다. 그에게 지정학이란 영토, 위치, 자원의 중요성을 부각하는 유용한 약칭일 뿐이다.

조지프 루체크의 용감한 용어 채택에도 불구하고 아주 극소수만이 지정학이라는 용어를 사용했다. 1945년 이후는 오히려 전후 국제 체제에서 국가의 역할과 규칙에 입각한 국제 질서를 다룬 국제관계학(International Relations, IR)과 현실주의 이론의 중요성이 커진 시기였다. 국제관계학의 학문적 공고화에서 주목할 만한 순간은 1954년 5월 '국제정치학 이론의 실태'를 재검토하려는 뜻에서 록펠러재단이 국제정치학 회의를 주최했을 때였다. 하지만 그렇다고 해서 지리학자들과 사회과학자들이 지구적 정치 판도에서 지리에 대한 관심을 완전히 끊었다는 뜻은 아니다. 니컬러스 스파이크먼(Nicholas Spykman, 1893~1943)과 나중에 솔 코언(Saul Cohen, 1925~) 같은 지리학자는 냉전의 시작으로 소련과 미국 사이 투쟁의 영토적·이데올로기적 성격을 이해하는 것이 그 어느 때보다도 중요함을 인식했다. 솔 코언은 1963년에 출간된 선구적인 저작 『분열된 세계의 지리와 정치*Geography and Politics in a World Divided*』에서 확연하게 균열된 세계에 대한 니컬러스 스파이크먼의 이해를 심도 있게 분석했다.

니컬러스 스파이크먼이 동유럽과 서아시아, 남유럽과 남동유럽에서 '테두리땅(rimland)'이라고 한 지역(전략지정학적으로(geostrategically) 중요한 공간에서 바다를 접한 가장자리로 정의된다)에 시선을 집중시켰다면 솔 코언의 나중 저작은 이른바 '파쇄지대(shatterbelt, 내부적으로 분열되어 열강의 경쟁을 불러일으키는 지역)'에 초점을 맞추고 영토와 자원, 접근성을 놓고 초강대국들이 어디에서 충돌하게 될지를 설명하고자 했다. 소련과 나중에는 중국에서 지리적으로 가장 가까운 지역들이 냉전의 주요 전장으로 여겨졌다. 베를린, 남동유럽, 서아시아, 한반도, 베트남에서의 갈등과 긴장은 그런 지리학적 시각에 신빙성을 더하는 듯했다. 물론 세계의 이목을 집중시킨 1962년 쿠바 미사일 위기는 미국이 지리적으로 인접한 카리브해 연안에 관해 극도로 민감하다는 사실을 여실히 보여주었지만 말이다.

아이러니하게도 지정학이라는 용어가 미국, 일본, 영국, 그 밖의 유럽 지역에서 신용을 잃어가고 있을 때 미국의 냉전 전략이 지정학적 사고에 암묵적으로 영감을 받았다는 주장이 나왔다. 1950년 4월 트루먼 대통령에게 전달된 미국 국가안전보장회의(National Security Council, NSC)의 문서 제68호(NSC-68 document)는 소련의 세계 지배 계획과 그 근본적 목적을 달성하기 위해 가능한 지리적 전략에 관해 경고했다. 비록 제3세계와 그곳의 지리적 다양성을 대수롭지 않게 여기고 있지만 NSC 문서 제68호는 훗날 제3세계가 소련이 지지하는 팽창주의에 취약하다는 이른바 도미노이론으로 보강되었다. 1949년 나토가 결성된 지 10년 이내에 미국은 오스트랄라시아(1951), 중앙아시아(1955)에서 각종 안보 협약을 맺었고 일본 및 한국과 상호안보 협정을 체결했다.

냉전과 미국의 전략에 관해 실제 명시적으로 논평했던 솔 코언 같은 소수의 미국 정치지리학자들은 소련 봉쇄와 같은 전반적 목표에는 동의했지만 제3세계의 엄청난 다양성을 조명하고자 했다. 솔 코언은 소련의 지구적 야심을 이해하려는 열망에서 미국 독자들에게 서아시아와 다른 남아시아 사이의 심오한 지리적·문화적·정치적 차이점을 과소평가해서는 안 된다고 경고했다. 일각의 주장에 따르면 트루먼 행정부 당시 국무부에서 근무한 조지 케넌(George Kennan) 같은 미 전략가들은 그런 지역적 차이점을 등한시했고 NSC 문서 제68호는 지리적으로 과도하게 단순하고 소련을 가차 없이 팽창을 추구하는 동쪽으로부터의 위협으로 재현하는 데 지나치게 매몰되어 있다고 여겨졌다. 그러므로 지리와 정치 사이의 관계는 획일적이거나 미리 결정된 것도 아니었으며 솔 코언이 판단할 때 분열된 세계에서는 지역 연구 전문가들이 많이 필요하다.

미국에서 지정학의 부흥

전직 국무장관 헨리 키신저는 미국에서 지정학에 대한 관심을 부활한 공로자로 흔히 여겨진다. 물론 그는 세기 전환기의 지정학 주창자들보다 지정학이라는 표현을 훨씬 더 엄밀하지 않게 사용했다. 독일에서 건너온 지식인이면서 박사학위 논문에서 19세기 유럽의 지정학적 역사를 분석한 헨리 키신저는 전후의 일반적인 국무장관들과 달랐다(그림 3). 그는

3. 전직 미 국무장관 헨리 키신저

닉슨 행정부에서 지적인 거물이었고 냉전의 지정학적 조건이 변화하는 양상을 예리하게 주시한 관찰자였다. 당대의 맥락이 결정적이었다. 비록 소련, 미국, 중국은 여전히 상대방의 동기와 지정학적 야심을 의심의 눈초리로 바라보고 있었지만 냉전은 상대적인 긴장 완화라는 새로운 국면으로 접어들고 있었다. 미국은 갈수록 민심을 잃어가는 베트남에서의 무력 분쟁에서 헤어나오지 못하고 있었고 헨리 키신저의 지정학 용어 사용은 어느 정도 새로운 전략적 풍경을 이해하고 대처해보려는 시도였다. 레슬리 헤플이 주목한 대로 헨리 키신저는 세력 균형으로 특징지어지는 세계에서 전 지구적인 평형 상태와 항구적인 국가 이익의 중요성을 강조하려는 취지에서 주로 그 용어를 사용했다. 그는 중국과의 새로운 관계를 도모하기 위해 모스크바의 '지정학적 야심'을 봉쇄하고 이상적으로 무력화해야 한다고 주장했다.

미국은 소련을 봉쇄하려고 애썼지만 헨리 키신저가 보기에 기존의 미국 외교 정책은 이 딜레마에 툭하면 군사적 대응책만 내놓으려고 했다. 미국의 군사력이 상대적으로 쇠퇴하는 시대에 군사적 해법보다 더 요구되는 것은 중국과 같은 다른 강대국과 호혜적 관계를 발전시키는 등 새로운 정치적 가능성을 놓치지 않는 유연한 접근법이었다.

비록 헨리 키신저의 지정학 용어 사용은 애매모호하고 불분명하다고 묘사되어왔지만 그럼에도 불구하고 일부 학자에 따르면 그는 미국 정치 문화 내에서 그 용어를 대중화했고 지구적 전략에 관해 정식 학술적 고찰을 재개하는 계기를 마련했다. 대중적 측면에서 보면 지정학은 지구적 쟁점들과 지역적 쟁점들을 연계하려는 수많은 다른 주제와 함께 냉전 정치에 관한 논의에 재도입되었다. 지정학이라는 용어가 거쳐온 고통스러운 지적 내력을 자세히 인식하고 있는 저자는 거의 없었지만 어쨌든 그 용어는 정치적·군사적 사태 전개에서 지리적 요인의 중요성을 부각하는 이름표로 꽤 유용해 보였다.

폴란드 출생으로 카터 대통령의 국가안보 자문이었던 즈비그뉴 브레진스키(Zbigniew Brzezinski) 같은 다른 쟁쟁한 정계 인사도 지정학의 열렬한 옹호자였다. 그들은 지구적 긴장이 고조되는 시대에 미국의 전략적 이해관계를 보호하고자 하는 자신들의 의사를 알리기 위해 그 용어를 사용했고 나중에 네오콘(neo-conservative, 신보주의) 지식인들이라고 불리게 될 사람들에게 가차 없는 소련의 팽창주의를 들먹였다. 1979년부터 지속된 소련의 아프가니스탄 점령에 대한 항전을 지원하고 자금을 제공하기로 한 결정은 소련의 추가적인 팽창을 봉쇄해야 한다는 지정학적 믿음을 근간으로 했다. 그것이 미국, 파키스탄과 같은 그 지역의 미 동맹국들이 소련 세력에 맞서기 위해 대리 세력을 지지하는 것을 의미한다고 할지라도 말이다. 이상적으로 아프가니스탄은 소련의 '베트남'이 될 터였다. 많은 이가 주목한 대로 이 결정은 1980년대 알카에다 테러 네트워크 탄생의 계기가 되었고 오사마 빈라덴(Osama bin Laden)같이 전투 경험으로 다져진 전사들을 양성했다는 측면에서 중대한 파장을 일으켰다.

지정학의 이 같은 부흥에서 파생된 한 가지 중요한 결과는 현존위험위원회(Committee on the Present Danger)의 창립이었다. 이 위원회는 지정학이나 소련학(Sovietology, 때로 '크렘린 주시(Kremlin watching)'로 묘사된, 소비에트 정부와 사회에 대한 연구)과 같은 다른 학술 연구를 활용하여 미국이 데탕트(détente, 긴장 완화)와 세력 균형 정책을 폐기하고 더 공세적인 접근법을 취할 태세를 갖추어야 한다고 주장했고, 소련이 광대한 유라시아대륙 전체로 그 지배를 확대하려 한다고 생각했다. 카터 행정부의 비둘기파 정책에 실망한 레이건 행정부는 소련의 봉쇄와 해체라는 더 노골적인 지정학적 비전을 채택했다. 논의 여지는 있지만 미국의 외교 정책은 대체로 중앙아메리카와 아프리카에서 소련의 후원을 등에 업은 대리 세력에 방해 공작을 펼치고 제3세계 곳곳에서 더 강력하게 반소련 정권을 지지하는 것이었다. 예를 들어 그것이 이라크에서 사담 후세인(Saddam Hussein) 정권과 라틴아메리카의 수많은 군사 정권을 지지하는 일이라 해도 상관없었다. 서유럽과 중유럽에 영향력을 확대하려는 소련의 시도 일체를 분쇄하려는 나토의 대응의 일환으로 단거리와 중거리 핵미사일을 영국과 서독에 배치했다.

1980년대 중반에 미국 내 지정학적 논의는 정치적 현실주의와 데탕트 붕괴에 따른 이른바 제2차 냉전(1979~1985)이 한창일 때 미국의 권력을 유지하려는 욕망에 강하게 영향을 받은 한 무리의 학자가 주도했다. 지정학은 다시금 강대국의 경쟁관계를 가리키는 약어가 되었고 무정부적 세계에서 미국이 자국의 이익을 추구하는 것이 중요함을 시사했다. 레이건 행정부에서 미국의 외교 정책은 카터 재임기보다 확연하게 더 공세적이었고 레이건 행정부와 관련된 정책 결정자와 지식인 다수는 나중에 조지 H. W. 부시와 조지 W. 부시 행정부의 일원이 되었다. 1980년대 초 사담 후세인과 악수를 나눈 것으로 악명 높은 도널드 럼즈펠드는 나중에 국방장관으로서 2003년 이라크 침공과 2006년 12월 후세인 정권 타도 및 이후 그의 처형을 기획하고 실행하는 데 중대한 역할을 했다.

비판지정학을 향하여

특정 정책 지식인들이 냉전의 맥락에서 지정학이라는 용어를 재검토하고 있던 것과 거의 같은 시기에 다른 저자들도 지정학에 대한 다소 다른 개념을 모색하고 있었다. 나중에 비판지정학이라고 불리는 이 접근법은 어조와 세계관에서 현실주의적이지 않았다. 국제관계 연구에 대한 한 접근법으로서 현실주의는 특히 미국에서 매우 중요했다. 현실주의는 국가들의 행위를 제한할 수 있는 세계정부가 부재하기 때문에 흔히 국가들이 무정부 세계에 살고 있다고 전제한다. 그에 따라 가장 기본적인 형태의 현실주의에서 자기의 이익과 권력 행사는 공리와 같은 것으로 상정된다. 지정학 저자들은 E. H. 카(E. H. Carr)와 케네스 월츠(Kenneth Waltz) 같은 현실주의의 거두를 가리키지는 않는다고 하더라도 암묵적으로 다수의 현실주의자와 유사한 세계관의 모델을 가지고 작업한다. 1960년대에서 1970년대에 자국의 안보 상태에 집착하던 라틴아메리카의 장성들에게 현실주의적 세계관은 국가 안팎의 공산주의 세력의 위협과 위험으로 가득한 지정학적 상상력과 잘 맞아떨어졌다.

현실주의에서 유래한 이런 종류의 지정학의 비판가들이 보기에 지구적 정치에 대해 이와 같이 치우친 시각은 협력과 긴장 완화보다는 갈등과 경쟁을 지나치게 강조하는 경향이 있다. 일부 관찰자에게는 놀라울 수도 있지만 국가와 국가 사이의 체제는 서로 협력하고, 공동의 제도와 국제법, 유럽연합과 국제연합 같은 정부 사이의 기구를 발전시키는 능력을 입

증해왔다. 더욱이 서로 다른 철학적 전통에 영감을 받은 새로운 세대의 저자들은 '현실을 있는 그대로 말할' 뿐이라는 현실주의 계열의 저자들의 주장에 회의적이다. 다시 말해 지구적 정치에 대한 이해관계에서 자유로운 세계관을 제시하기는커녕 그들의 주장은 특정한 재현적 도식에 깊이 영향을 받아 형성되며, 그 도식은 그만큼 특정한 언어적·문화적 관습을 반영한다. 현실주의에서 출발한 지정학이 미국에서 환영을 받은 것은 어쩌면 그다지 놀라운 일이 아니다. 그곳은 지정학 저자들이 세계에 대한 원대한 구상을 제시하면서 자신은 독자들에게 일련의 '뼈아픈 진실'을 알려줄 뿐인 사심 없는 관찰자인 양 행세하는 것이 일반적인 곳이니 말이다.

먼저 지정학이 어떻게 만들어지고 특정한 수용자들에게 어떻게 재현되는지 살펴볼 필요가 있다. 지구적 정치를 이해하고 싶다면 지구적 정치가 사회적·문화적 의미로 물들어 있음을 깨달아야 한다. 현재의 지구적 정치 체제는 자연적이거나 필연적인 것이 아니며 우리가 국제 정치에 관해 들려주는 이야기는 바로 그것, 다시 말해 이야기일 뿐이다. 어떤 서사는 다른 서사보다 분명히 더 중요하고 미국 대통령과 러시아 대통령 같은 어떤 개인은 세계가 어떻게 느껴지고 해석되는지를 결정하는 데 특히 목소리가 크고 확연히 두드러진다. 그러므로 미국 대통령의 연두교서에 대한 세계의 관심은 상당하며 중국, 러시아 등 다른 강대국과 그곳 정치 지도자들이 내놓는 그와 유사한 담론에도 마찬가지로 관심이 쏠릴 것이다. 우리가 서아프리카나 중앙아메리카의 정치 지도자가 제시하는 유사한 메시지에도 그만큼 관심을 가질까? 유럽과 북아메리카에서 실시된 여론조사를 보면 범남반구(Global South, 선진국보다 일반적으로 남쪽에 있으며 산업과 경제 발전 수준이 낮다고 간주되는 지역으로 아프리카, 라틴아메리카, 아시아의 개발도상국과 서아시아 지역 등을 가리킨다—옮긴이) 그리고 아시아와 유럽의 이전 공산주의 국가에 대한 지식은 종종 극도로 단편적이다.

둘째, 지리[의 역할]은 대단히 과소평가되거나 반대로 지나치게 과장되어 있다. 예를 들어 안데스산맥은 칠레의 크기와 형태를 결정하는 데 핵심적이다. 산, 강, 열대우림은 인도, 중국과 같은 인접한 공동체에 자연 경계선 역할을 한다. 인도와 파키스탄은 시아첸 빙하라는 고도가 높은 환경에서 계속 대치하고 있다. 그곳은 인간이 생존하기에 매우 혹독한 환경이며 눈사태 같은 자연재해로 많은 사람이 목숨을 잃는다. 양국은 이 빙하 지역의 영유권에 관해 합의에 이르지 못한 채 그들이 공유하는 국경선을 둘러싸고 여전히 분쟁중이다(그림 4).

지리적 장애물은 거의 언제나 극복 가능한 것으로 드러났다. 미국의 풍경은 '개척지대'로 적극적으로 재상상되었고

4. 파키스탄과 분쟁중인 히말라야산맥의 시아첸 빙하에서 훈련중인 인도 부대

이 상상된 '개척지대'는 식민주의적 팽창과 정착민 공동체의 개발을 뒷받침해왔다. 로키산맥과 모하비 같은 사막은 〔정착민들의 팽창을〕 제한하기는커녕 전혀 장애물이 되지 못했다. 1867년 러시아로부터 알래스카를 매입한 것은 장기적 관점에서 엄청나게 중요한 일이었음이 밝혀졌지만 당시 국내의 정치적 여론은 나뉘었다. 더 많은 영토와 (잠재적) 자원을 보유하는 일에는 기반 시설, 안보, 정착과 관련하여 추가적인 비용이 수반되었다. 19세기에는 태평양을 가로질러 팽창이 시작되었고 제2차세계대전 동안에는 미국이 일본제국과 맞서면서 한층 치열해졌다. 전후 미국의 지정학적·지리경제적 팽창주의는 동아시아 지정학을 재설정하고 미국 기업들에게 새로운 개척 공간으로 제품을 판매할 새로운 기회를 제공했다.

셋째, 지정학은 젠더, 인종, 섹슈얼리티, 계급의 경험과 관념으로 복잡하게 얽혀 있다. 지정학은 살과 피가 있고 느껴지는 것이다. 그것은 교차적(intersectional)이다. 사람들이 겪는 매일의 경험과 지정학적·지리경제적 과정과 구조에 대처하기 위해 채택해야 하는 전략은 근본적으로 다양하다는 점을 인식할 필요가 있다. 영토, 국경, 규모와 같은 개념은 북아프리카에서 남유럽으로 젊은이들이 이주하는 것과 비교하여 콩고민주공화국에서 전시 강간을 고려할 때 다른 의미를 지닌다. 지구적 정치의 경계선을 사람보다 자본이 더 쉽게 넘나들 수 있다고 한다면 여성들과 아이들보다 일반적으로 남성들이 더 쉽게 넘나들 수 있다. 페미니스트 학자 신시아 인로(Cynthia Enloe)가 주목한 대로 지구적 지정학은 국가적 경계, 안보, 갈등, 이주가 초래하는 다른 충격을 더 잘 이해하기 위해 젠더관계의 일상의 지리들과 이어져야 한다. 페미니즘 지정학은 학문적 탐구가 활발히 이루어지는 분야다.

지정학이 어떻게 작동하는지 더 잘 이해하기 위해 비판지정학 저자들은 세 갈래 구분을 제안해왔는데, 각각 공식지정학, 실용지정학, 대중지정학이다(그림 5). 공식지정학은 이 장(章)의 주제와 관련이 있다. 학자들과 논평가들은 지정학과 관련된 지적 전통을 어떻게 자의식적으로 원용하는가? 실용지정학은 도널드 트럼프 같은 정치 지도자들이 지구적 정치를 대표하면서 이용하는 정책지향적인 지리적 모형을 가리킨다. 정치 지도자들은 유권자를 비롯한 수용자들과 함께 자신들의 정책 방향을 결정하기 위해 지리적 모형을 이용한다. 악명 높은 한 가지 예는 2018년 1월 트럼프가 아이티와 세계의 빈곤 지역에서 미국으로 건너오는 불법 이민자들을 가리켜 "똥통 같은 나라들(shithole countries)"이라는 표현을 쓴 것이다. 트럼프는 그런 말을 쓴 적이 없다고 부인했지만 그 같은 프레이밍은 사람과 장소가 어떻게 이해되는지를 보여주는 일종의 세계관을 잘 드러낸다.

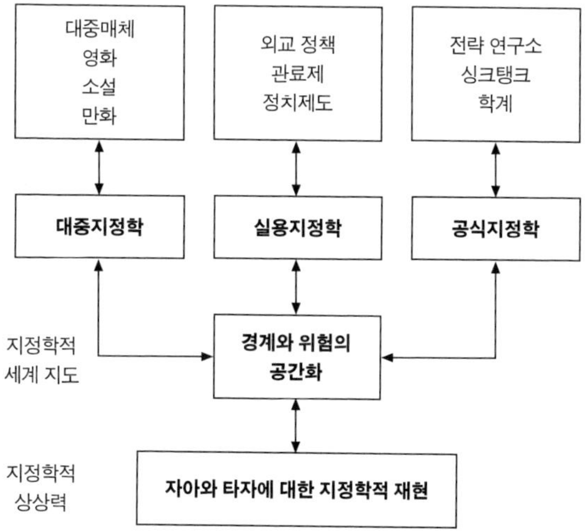
대중매체
영화
소설
만화
외교 정책
관료제
정치제도
전략 연구소
싱크탱크
학계
대중지정학
실용지정학
공식지정학
지정학적
세계 지도
경계와 위험의
공간화
지정학적
상상력
자아와 타자에 대한 지정학적 재현

5. 공식·실용·대중 지정학

마지막으로 대중지정학은 시민들이 자신들이 사는 고장과 나라, 지역 그리고 더 넓은 세계에서 일어나는 사건을 파악하기 위해 이용하는 미디어 및 그 밖의 형태의 대중문화를 포괄한다. 학계의 저자와 언론인이 수시로 생각과 논의를 공유하고 두 집단이 정부 관료들, 조직들과 정기적으로 접촉하는 것처럼 이 세 가지 형태의 지정학은 상호연관되어 있다. 또한 세 가지 지정학은 미디어 및 대중문화와 얽혀 있다. 지정학적 프레임워크는 개인과 집단이 저마다 세상과 더 폭넓은 대중을 이해하는 데 도움이 될 수 있다. '악의 축'과 '주도권을 되찾자' 같은 표현은 정확히 그것들이 세계 정치를 단순화하고 적과 친구를 구분하도록 설계되었기 때문에 주목을 끈다. 대통령과 총리들이 그런 표현을 먼저 (간혹 무분별하게) 사용할 수도 있지만 이런 종류의 거대한 공간적 추상화는 언론인과 전문가, 그리고 독서 대중과 청중 사이에 토론을 유발하고 부추긴다(그림 5).

정치지리학자 제러드 톨(Gerard Toal)은 이 세 갈래 도식이 한 국가와 세계와의 접촉을 빚어내면서 지정학적 문화 내에 자리잡고 있다고 주장한다. 유럽의 변방에 자리한 영국의 물리적 입지는 유럽의 통합과정에 대한 헌신과 같은 특정 정책 결과를 미리 결정하는 것으로 볼 필요는 없지만 지리적 위치의 문화적 해석을 형성하는 데는 분명히 중요했다. 블리츠 폭격(런던 대공습)과 떼려야 뗄 수 없는 여러 공습과 로켓 공격을 포함하여 영국이 독일군으로부터 영토를 방어해야만 했을 때 겪은 전시 경험도 마찬가지로 중요했다. 책과 영화, 텔레비전과 라디오 프로그램, 전시회가 계속해서 영국의 전쟁 수행 노력과 윈스턴 처칠 같은 지도자들의 역할을 탐구하고 재검토하는 가운데 제2차세계대전의 유산이 지금도 얼마나 심대한지는 대중지정학적 관점에서 현저하게 드러난다.

전후 시대 상당 기간 동안 영국의 총리들은 유럽의 영국(European Britain)이라고 부를 수 있을 만한 관계에 입각한 지정학적 전통을 희생해가며 미국과 특별한 관계(미국의 영국(American Britain))를 유지하는 것이 중요하다고 굳게 믿었다(상자3).

마찬가지로 러시아의 지정학적 문화를 더 잘 이해하고자 한다면 지리학자 마크 배신(Mark Bassin)이 지적한 대로 정치 지도자들과 언론들이 세 가지 지정학적 전통을 어떻게 환기하는지를 인식할 필요가 있다. 첫째, 러시아는 유럽의 일부고 서구의 사회적·경제적 발전 모델을 수용해야 한다는 관념이다. 둘째, 러시아가 자신만의 특수한 국가와 사회 형태를 갖춘, 유라시아에 걸친 독특한 영역이라는 관념이다. 마지막으로 러시아는 영국처럼 '가교', 이 경우에는 유럽과 아시아를 연결하는 가교라는 관념이 있다. 시대마다 특정한 지정학적

상자 3 글로벌 영국과 브렉시트

2016년 6월 영국은 국민투표를 통해 유럽연합에서 탈퇴하기로 결정했다. 박빙의 투표에서 48퍼센트는 잔류에, 52퍼센트는 탈퇴에 찬성했다. 2017년 (리스본조약) 제50조를 발동하여 탈퇴 절차를 개시하기 위한 결정이 내려졌다. 브렉시트의 장기적 영향을 둘러싸고 여론은 여전히 나뉘어 있다. 테리사 메이(Teresa May) 총리가 이끄는 보수당 정부는 미국의 영국/유럽의 영국을 대체할 '글로벌 영국'을 주창했다. 영연방과 영어권은 새로운 지정학, 무역 권역 안에서 활동하는 영국을 재상상하는 데 이용되어왔다. 세계 공통어로서의 영어, 금융의 본산 런던, 보통법 전통, 문화 권력의 이점을 지렛대로 삼아서 말이다. 하지만 다른 나라들은 영국이 유럽 경제로 통하는 관문이기 때문에 투자한 것이 아닌가?

브렉시트에 따른 도전이 존재한다. 유럽경제공동체/유럽연합에 45년간 소속된 뒤 영국의 기반 시설과 무역 패턴은 유럽 이웃 국가들과 강하게 동조되어 있다. 영국 무역량의 25퍼센트는 영불해협터널을 통해 오간다. 아일랜드공화국은 영국의 무역 네트워크에 보조를 함께한다. 유럽 기업들은 영국의 항만과 공항 기반 시설을 소유하고 있으며 영국의 에너지와 의료 시장에 참여하고 있다. 글로벌 영국은 유럽 공급망과 투자 패턴을 관리하는 한편, 유럽연합 경제권 바깥에서 중국 같은 글로벌 강국들과 경쟁해야 할 텐데, 중국 역시 글로벌 중국을 지향하며 야심차게 구상한 '일대일로' 프로그램을 추진중이다. 시진핑 주석은 글로벌 무역과 기반 시설을 위한 중국의 계획에 관한 연설에서 영국과 브렉시트를 거의 언급하지 않는다.

전통이 우세할 수 있다. 푸틴 대통령은 러시아가 '주변국'에 지배력을 갖춘 강대국 지위를 되찾게 하겠다고 공공연하게 다짐해왔는데, '주변국'이란 러시아의 지정학적 어휘집에서 옛 소련 시절에 이익 범위에 속했던 러시아의 인접 영역을 가리키는 데 사용되는 표현이다.

지정학의 지적 역사를 통틀어 오늘날 비판지정학에서 발견되는 것처럼 다양한 형태의 문화적·역사적 분석에 몰두한 개인과 집단의 사례가 존재한다. 여기서 이브 라코스트(Yves Lacoste)와 그의 파리 동료들의 연구는 언급할 만한데, 이브 라코스트는 지정학이 일종의 정치적이고 전략적인 지식임을 처음으로 고려한 사람 중 한 명이기 때문이다. 1976년 그는 영어판 『지리란 무엇보다도 전쟁을 벌이는 일이다*Geography is, Above All, Concerned with the Making of War*』라는 시선을 끄는 제목의 책에서 미국의 군사 계획가들이 현지 주민들에게 에코사이드(ecocide, 다시 말해 적을 약화하기 위한 현지 생태계의 고의적인 파괴)를 자행할 수 있게 강과 밀림을 폭격 표적으로 삼으며 북베트남에 대한 지리적 지식을 이용했던 방식에 관한 자신의 초기 관심사를 탐구했다. 이브 라코스트는 1960년대에 칠레 육군대학 지정학 교수를 역임한 아우구스토 피노체트 대통령의 지정학 이론도 살펴보았다. 심지어 피노체트는 지정학에 관한 책을 저술하여 국가가 초유기체라는 시각을 옹호했고 1973년 9월 11일 살바도르 아옌데의 사회주의 정부를 제거하는 일을 도와주었을 때 이론을 실천에 옮겼다. 이 쿠데타에서 미국의 지지는 결정적인 것으로 여겨졌다.

이브 라코스트는 지정학 저자들이 좀더 자기비판적이어야 하고 지정학이 군사주의와 국가 권력이 발현되는 데 연관된 방식을 폭로하는 역할을 해야 한다고 주장했다. 그의 학술지 〈에로도트Herodote〉는 프랑스어권에서 계속해서 가장 널리 발행되는 지리학 저널이며 전 세계적인 테러와의 전쟁 등 동시대의 사건에 대한 비판적인 분석을 싣는다. 비록 이브 라코스트는 한때 지정학을 직접적으로 언급하는 것이 좋지 않다고 생각했지만 지역적 분석으로 뒷받침되고(다시 말해 국지적·지역적 차이에 대한 인식을 드러내는) 지리적 지식과 정치적 실천 사이의 연관성을 이해하는 지정학을 믿었다.

제구실하는 모든 비판지정학은 다양한 지정학적 전통과 문화가 존재한다는 사실을 간과하지 않을 것이다(상자 4). 서발턴 지정학(subaltern geopolitics) 같은 새로운 학문 분야는 지속적인 관심 분야를 조명하는데, 이 분야는 대안적인 지정학적 경험과 지식, 관점을 진지하게 다룬다. 이런 과정에서 비판지정학 연구는 민족지학, 인터뷰, 권력과 지배의 전통적인 중심에서 동떨어져 보일 수도 있는 공동체와 장소에 대한 몰입을 포함하여 갈수록 폭넓은 조사방법과 접근법을 수용하고 있다.

상자 4 중국과 러시아의 지정학

러시아 지정학에 관심이 있는 사람들이 가장 눈여겨볼 만한 사례는 알렉산드르 두긴(Alexander Dugin)과 그의 1997년 저서 『지정학의 토대 : 러시아의 지정학적 미래*The Foundations of Geopolitics: The Geopolitical Future of Russia*』일 것이다. 러시아어 사용 민족들의 이해관계와 러시아 세력권의 복원을 역설하는 그 책을 출간된 지 20년도 더 지난 뒤에 다시 읽어보면 현재 러시아의 지정학적 실천과 몇몇 신조를 상기하는 것처럼 보일 듯하다. 알렉산드르 두긴의 책은 러시아가 우크라이나를 병합하고 미국에 혼란을 확산해야 한다고 주장한다. 비록 알렉산드르 두긴의 인기는 부침을 겪고 있지만 그는 크렘린이 공인한 철학자이자 전략가로 묘사되어왔다.

중국의 지정학은 시진핑 주석 휘하에서 더 팽창주의적이고 서구의 도덕적 지배에 더 적극적으로 도전하는 것이라고 묘사할 수 있을 듯하다. 일대일로 계획은 참여국과 지역 모두에게 이익이 되고, 유럽·아시아·아프리카를 가로질러 새로운 지정학적 파트너십(동반자관계)을 맺는 중국의 기반 시설 프로젝트에 입각한다. 시진핑 주석은 군사적 역량에 대한 투자와 '주권 평등'을 기반으로 한 협력과 다국적 투자를 결합하면서 '중국의 굴기'를 언급해왔다. 이와 대조적으로 중국에 대한 온갖 두려움과 미국과의 거대한 패권 싸움에도 불구하고 중국의 중간계층은 자식들을 미국과 그 밖의 서구 대학에 보내고, 북아메리카와 유럽으로 여행을 가고, 미국·유럽 기업들과 긴밀하게 협력한다. 시진핑 주석의 딸은 하버드대학에서 공부했다.

다수의 전통

지적인 용어로서의 지정학에 대한 간략한 개관의 마지막 부분은 다시금 미국과 영어권 세계로 방향을 돌린다. 앞에서 지적한 바와 같이 이런 서술은 조심스러운 경고로 보완되어야 한다. 여기서 제시된 이야기는 등장, 악평, 몰락, 부활의 이야기로 규정할 수 있을 것 같다. 하지만 만약 이 장이 남아메리카의 경험에 집중했다면 매우 다른 이야기가 전개되었을 것이다. 다른 것은 차치하고라도 이른바 나치즘의 낙인을 앞에서 했던 만큼 걱정하지 않아도 되었을 것이다. 독일과 이탈리아 군부와 긴밀한 관계를 유지했던 아르헨티나, 브라질, 칠레, 파라과이의 사관학교와 같은 기관에서는 1945년 이후에도 장교들이 줄곧 지정학 분야를 가르치고 책을 펴냈다. 미국 지리학자들이 동료들에게 지정학이라는 용어와 그에 수반되는 불쾌한 함의를 피하라고 촉구하던 바로 그 시기에 독일 지정학 저술들이 에스파냐어와 포르투갈어로 번역되어 나왔다. 냉전기 상당 기간 동안 군사 정권이 지배하던 대륙에서 지정학은 나치즘과 그와 연관된 공간적 팽창주의와 장소 지배 정책과의 연관성에 관해 딱히 공식적인 우려 없이 승승장구했다.

지정학이 나치즘과의 연계로 이데올로기적으로 얼룩져 있다고 여긴 소련의 학자들은 이런 관심의 부활, 특히 1980년대의 부활을 반기지 않았다. 소련 붕괴 이후 러시아에서는 지정학을 공식적으로 훨씬 더 많이 다루고 있지만 제2차세계대전과 당시 소련 국민의 엄청난 인명 손실에 대한 기억은 북아메리카와 서유럽에서 지정학에 대한 관심을 부활하는 데 따른 학계의 반발을 일정 정도 좌우했다. 50년이 지나서 이제 이런 낙인은 지워진 듯하며 주로 러시아와 우즈베키스탄의 우익 논평가들로 이루어진 새로운 세대는 자국의 지정학적 운명을 고찰하고자 특히 해퍼드 매킨더 같은 초기 지정학 저자들을 이용했다. 관심이 급증하는 분야는 중앙아시아의 전략적 중요성과 미국, 중국, 러시아 사이의 이른바 '그레이트 게임'의 등장이다. 미국과 중국은 대체로 아직 개발되지 않은 카스피해의 석유와 천연가스 자원 매장 지역으로 군사력과 자원 투자를 확대하고자 하며 이는 러시아에 커다란 경각심을 주고 있다.

지정학의 다양한 지적 역사는 제외하고 마지막으로 다시금 강조하고자 하는 바는 비판지정학에 관한 마지막 부분을 오해해서는 안 된다는 것이다. 미국과 다른 지역의 극소수 학자만이 스스로를 비판지정학 연구자라고 규정할 것이다. 미국은 말할 것도 없고 대다수의 나라에서 지정학이라는 용어를 쓰는 다수의 사람은 지정학의 그 왜곡된 지적 역사를 이해하는 데 별로 관심이 없다. 더욱이 그들은 일반적으로 자신들의 저작에 점잖고도 강인한(남성화된) 인상을 부여하고 세계 정치의 엄혹한 지리적 현실을 전달하고 숙고하겠다는 뜻에서 간편한 표현으로 지정학이라는 단어를 쓰고 있다. 스트랫포, 블룸버그, 포브스 같은 미국을 근거지로 한 기관과 잡지는 흔히 초창기 지정학 저자들을 상기시키는 말투로, 보통은 특정 나라나 사업 이해관계자를 위해 세계를 바라보고 그 미래의 구도에 관해 자신만만하고 간명하게 예견할 능력을 자임한다. 소셜미디어는 복잡한 지정학적 상황을 30초짜리 요약본으로 설명해주겠다고 약속하는 그보다 한결 짧은 비디오와 팟캐스트를 조장한다.

비판지정학 저자들은 그런 주장을 면밀히 검토하고 적당한 경우에는 세계를 이해하고 재현하는 다른 지리학적 방식을 제안하고자 한다. 여기에는 일례로 〔국가안보 대신〕 인간안보와 흔히 여성들과 아이들이 지정학적 폭력과 지리경제적 불평등에 더 쉽게 노출되고 취약하다는 의미에서 지구적 지정학의 젠더화된 성격을 강조하는 일이 포함될 수 있다. 세계무역 체제에서 지구적 정치와 지리경제적 불평등의 젠더화된 성격은 더 폭로될 필요가 있다. 마지막으로 비판지정학 연구자들은 원주민과 서발턴 지식 및 관점의 역할을 비롯하여 지정학의 대안적 역사에 관해 사유하기 위해 할일이 더 많다. 지정학적 역사와 문화, 전통은 하나가 아니라 여러 가지로 존재한다.

조 샤프(Jo Sharp)와 제임스 타이너(James Tyner) 같은 정치 지리학자들은 지정학의 지적 역사가 다른 지역의 관여는 간과하면서 유럽과 아메리카 대륙은 지나치게 중시한다고 주장한다. 조 샤프는 동아프리카에 관한 연구에서 전직 탄자니아 지도자 줄리어스 니에레레(Julius Nyerere)와 이분법적 냉전 지정학 사이에서 '중도'를 추구하는 그의 범아프리카 지정학적 상상력을 탐구한다. 게다가 이런 탈식민주의적 개입은 유럽과 북아메리카의 국가, 문화, 세계 체제의 경험과 이해를 특권화하는 지정학적 이론화에 대한 노골적인 도전으로 점차 인식되고 있다.

근본적으로 서발턴 지정학은 주류 지정학 이론화의 유럽 중심적인 성격을 폭로하기 위한 것일 뿐 아니라 공유된 취약성, 집단적 이해관계, 불평등의 과거사와 지리를 인식하면서 지구적 정치에 대한 자신만의 설명을 내놓는 데도 관여한다. 이런 맥락에서 서발턴은 결코 주변적이거나 사소한 것을 의미하지 않으며 그보다는 자신들의 경험과 이해가 보편적인 것으로 여겨져야 한다고 주장하는 사람들을 향한 비판적 자세를 내포한다.

제 3 장

구조물들

지정학적 구조물(geopolitical architecture)이라는 용어는 국가와 비국가 기구가 영토와 흐름의 교차에 접근하고, 관리하고, 규제하는 방식과 그 과정에서 내부/외부, 자국민/외국인, 국내적/국제적 사이의 경계를 설정하는 방식을 설명하는 데 사용된다. 그러므로 국제 질서를 이야기할 때 우리는 경제적 개방성, 국제법, 제도적 발전, 민주적 연대, 안보 협력에 대한 여러 주장을 뒷받침하는 복잡한 지리가 있음을 인식한다.

역사적으로 말해 공간과 흐름 사이의 관계를 재설정하는—때로는 말 그대로 도하 지점, 산길, 성벽, 그 밖의 자연적·인위적 방벽에 대한 통제를 통해—그런 지정학적 구조물이 잇따라 존재해왔다. 현대로 넘어오게 됨에 따라 국경과 국경 기반 시설에 대한 투자도 확대된다. 예를 들어 현대 정부는 국경 통제에 심혈을 기울이는데, 국경은 한 국가 영토의 진입/출입 지점을 제공하기 때문이다. 또한 그런 국경 통제는 사실상의 주권을 나타내는 중요한 요소가 된다.

그런 변화와 그 변화가 지정학적 이론화에 초래하는 함의를 이해하려면 두 가지 근본적인 주제를 고려해야 한다. 첫째, 주권이라는 용어와 주권이 영토 국가/국경의 행동에 영향을 미치는 방식이다. 둘째, 20세기와 21세기 지정학적 구조물인데, 이는 특히 국가가 무질서하고 통치되지 않는다고 판단하는 공간을 어떻게 통제하고 규제하려고 시도하는지를 부각한다. 인적·비인적 사안의 지구화가 심화되면서, 특히 국가도 흐름과 국가 영토 사이의 관계를 규제하는 데 더 많은 힘을 투입하고 국경안보를 강화하고자 한다.

탈냉전기 대화 대부분에 깔린 전제는 적어도 서구만 놓고 보면 지구적 체제를 관리하는 데 공유된 이해관계가 있으리라는 것이었다. 냉전 지정학은 새 시대의 지리경제학(국제경제학, 전략, 지정학의 교차를 강조하기 위해 사용된 용어)으로 대체될 터였다. 이 신세계에서 무역 정책, 해외 직접 투자, 상품 거래, 외국의 제재는 무력과 핵 억지력보다 더 유용했다.

하지만 앞서 드러난 낙관주의는 바뀌었다. 요즘은 민족주의와 군사력에 바탕을 둔 날것의 지정학의 귀환을 읽어내는 것이 더 일반적이다. 미국의 정치학자 존 아이켄베리(John Ikenberry)는 두 세기에 걸친 '자유주의의 지배'가 종말을 맞고 있다고 주장한다. 자유주의의 지배 동안 정치적이고 경제적인 이기심은 일련의 기대와 행동 규범을 형성했다. 푸틴과 트럼프, 브렉시트의 시대에 정치 행위자들이 규칙에 입각한 개방적인 국제 질서 체제를 고수하리라고 가정하는 것은 더 이상 안전하지 않다. 세계 정치에 대한 이런 비관적인 독해에서는 정치 행위자들이 규칙, 자유주의적 가치, 제도적 지지, 협력에 덜 헌신하므로 지정학적 획책이 다시 등장한다. 포퓰리즘적 지정학이 지리경제학을 대체한다.

이 장에서는 탈자유주의적(post-liberal) 국제 질서를 둘러싸고 판단을 더 유보한 독해를 제시하고자 한다. 국가와 그 밖의 비국가기구를 포함한 기저의 지정학적 구조물은 역동적이고 매우 불균등한 것으로 보는 편이 더 좋기 때문이다. 탈냉전기에 우리가 살아가는 세계를 조직하고 국제연합과 같은 기구의 역할과 책임, 국가의 행위를 규정하는 방식은 면밀한 검토 대상이 되어왔다. 우리가 물리쳐야 할 한 가지 위험은 지구화와 자유주의적 국제 질서의 위기를 초래한 장본인으로 중국과 러시아 같은 비서구 국가를 지목하는 일이다. 영미권 외교 정책의 비판가들이 보기에 논란이 많은 2003년 이라크 침공과 2011년 리비아의 정권 교체(민간인을 보호하기 위한 군사작전이었다고 주장하면서 말이다), 테러와의 전쟁은 규칙에 기반을 둔 국제 질서의 침식에 부분적으로 책임이 있다. 유럽 국가들과 미국 내 증가하는 불평등도 그 '시스템이 엘리트계층이나 이민자 또는 그 둘 다보다 '일반 국민'의 이익을 보호할 수 있는가라는 믿음에 더욱 압박을 가했다. 웬디 브라운(Wendy Brown)은 독자들에게 전 세계 정부가 대중적 정당성을 확보하고 '국가안보'를 추구하기 위해 안간힘을 쓰면서 주권이 힘을 잃어가고 있는지도 모른다고 상기시킨다.

장벽 건설과 국경 장벽 프로젝트의 부활은 탈자유주의 국제 질서의 부상을 의미하는가? 국가가 이동성을 통제하거나 규제하려는 결심을 표명하는 가장 강력한 방법 가운데 하나는 장벽과 방벽을 세우는 것이다. 장벽은 사람과 사물의 이동성을 저지할 수 있지만 규제하는 것도 도울 수 있다. 이동을 늦추고 감시하고 궁극적으로 통제하는 것 말이다. 하지만 장벽과 바리케이드를 우회하거나 무너뜨리거나 무시해버릴 수도 있다. 또한 장벽은 밀수꾼, 범죄 조직, 부패한 국경 관리, 그리고 그런 장애물을 통과하려고 전 세계에서 온 국민들로 이루어진 '암시장' 경제를 발생시킬 수 있다. 그런 국경지대 안팎에서 많은 이민자가 월경에 실패하며 일부는 심하게 다치거나 끔찍한 죽음을 맞기도 한다. 가장 유명한 장벽과 바리케이드로는 미국-멕시코 사이의 국경 장벽과 웨스트뱅크 보안 장벽이 있는데, 불법이라고 규정된 후자는 이스라엘 정부가 더 많은 영토를 식민화하거나 팔레스타인 공동체를 유지 불가능하게 하려는 시도로 널리 여겨진다. 이런 장벽과 방벽은 철의 장막과 보호주의 안보 블록 대신 자유주의적 국제 질서와 지구화라는 개방적 시스템의 근저에 깔린 가치와 뚜렷이 대비된다.

국가 주권과 국제 체제

주권, 국경과 관련된 관념과 관행은 국가, 경계, 주권, 영토에 입각한 현재 지배적인 지정학적 구조물을 형성하는 데 매우 주요하다. 스티븐 크라스너(Stephen Krasner)가 지적한 대로 국가 정부는 배타적인 영토 주권의 중요성을 옹호하면서도 국제연합 창립 헌장에 포함된 그런 관념과 원칙을 흔히 위반해왔다. 세간의 시선을 집중시킨 여러 침공 말고도 국가 당국은 흔히 정탐하고 감시하고 타국의 영토 주권을 침해하는 은밀한 작전을 수행한다. 미국은 NSA, 중앙정보국(Central Intelligency Agency, CIA)과 같은 전문기관 덕분에 전 세계에 걸친 정탐과 감시 능력을 갖추고 있다. 하지만 이는 미국만 그런 것이 아니다. 중국, 러시아, 이란, 이스라엘 같은 다른 나라도 모두 타국으로부터 산업 스파이 행위, 영토 침범, 해외 감시활동을 비롯한 여러 행위를 저질렀다는 혐의를 받았다.

정부는 투자와 숙련된 인력, 사상의 특정한 흐름을 장려함으로써 자국의 주권이 침해되도록 기꺼이 허용한다. '공유 주권(pooling sovereignty)' 같은 표현은 국가와 정부가 자국 영토를 언제나 절대적으로 배타적이라고 여기지 않을 수도 있다는 점을 상기시킨다. 유럽연합의 확대와 더불어 영국 정부는 폴란드, 슬로바키아와 같은 나라로부터 노동 이민을 장려했고 의도하지는 않았지만 이는 실제로 일부 영국 국민이 2016년 6월에 유럽연합의 잔류에 반대표를 던지는 결과를 초래했을 수도 있다. 뚜렷하게 구분되는 경계와 영토를 보유한 국민국가로 구성된 세계에 내재된 긴장은 사람, 상품, 사상, 기술, 질병과 같은 다른 대상이 국경과 지도상에 동반되는 선을 넘나들 수 있을 때 그런 실체를 어떻게 관리하고 운영할 것인가의 문제다.

그와 다른 경우로 국가 정부는 감당하기 힘든 인권 침해와 고통에 직면했을 때 인도적이거나 군사적인 개입에 호소할 수도 있다. 1990년대에 과거 유고슬라비아 영토와 소말리아에서의 위기, 르완다에서 종족학살적 폭력의 여파로 보호 책임(Responsibility to Protect, R2P)을 지지하는 목소리가 있었다. R2P 원칙에 따르면 정부가 민간인의 생명을 보호하지 못하거나 보호하지 않으려 하면 주권은 침해될 수 있다. 때때로 정부는 주권 침해에 대해 공개적으로 격하게 반발하면서 한편으로는 그런 활동을 슬그머니 조장하기도 한다. 테러와의 전쟁 동안 파키스탄 영공 내에서 미국의 드론 공격은 그런 범주에 들어갈 테고 파키스탄 정부가 표명한 '격분'은 주권 거래의 일환이라고 볼 수도 있다. 그 대가로 미국은 파키스탄 정부에 기밀 정보와 군사적 지원을 제공했다. 지정학적 구조물의 이상화된 하나의 열쇠로서 주권에 관해 사유하고자 할 때 네 가지 유형의 해석을 구분하는 것이 도움이 된다.

첫째, 논평가들이 주권을 말할 때는 흔히 국제연합 가입 형태로 나타나는 주권의 국제법적 표현, 다시 말해 외교와 관련된 일반 업무와 더불어 조약을 협상하고 비준할 능력을 가리킨다. 이런 활동의 핵심에는 각국이 서로를 인정하고, 따라서 저마다 국제관계를 수행할 능력이 내재되어 있음을 받아들인다는 관념이 있다. 비록 다른 정부들이 어느 국가와 그곳의 정치 지도부를 싫어한다 할지라도 국제관계의 근본은 그 정부에 대한 기본적인 인정이다. 2003년 이라크 침공 직전까지 미국과 동맹국들은 국제연합에서 사담 후세인의 대표들을 상대하고 그들과 교섭해야만 했다. 이와 달리 일부 국가는 국제관계를 수행할 다른 국가들의 능력을 인정하지 않을 수도 있는데, 그 국가들이 더 넓은 세계를 상대하는 것은 고사하고 자기 영토도 제대로 관리하지 못한다고 여겨지기 때문이다.

'파탄 국가(failing state)'나 '의사 국가(quasi-state)' 같은 용어는 서아프리카와 중앙아프리카 지역의 일부 국가가 자국 영토에 대한 배타적 통제권을 행사하거나 내부 질서를 유지하지 못한다는 뜻으로 사용되어왔다. 달리 말해 서구 정부들은 툭하면 소말리아와 콩고민주공화국 같은 나라를 국가로서 부족한 점이 많고, 더 나아가 마약, 돈, 무기의 흐름을 통제하지 못하는 나라로 묘사한다. 하지만 루돌프 셸렌 같은 초창기 지정학 저자들은 이처럼 지나치게 법률주의적 주권 개념에 반대했음을 상기해야 한다. 무엇보다 그 개념은 지구적 정치의 지리들이 극도로 다양하다는 사실을 간과하기 때문이다. 그러므로 '파탄 국가' 같은 용어는 국가들이 서로 간에 유사한 국제적 인정을 누릴지라도 각국의 역량은 제각각임을 어느 정도는 인정한다.

둘째, 주권은 상호의존성에 의해 좌우된다고 할 수 있다. 강도 높은 지구화 시대에 국가들이 자국 영토와 다양한 수준의 이동성을 띠는 흐름에 배타적 통제권을 누린다고 가정하는 것은 유익하지 않다. 미국, 중국과 같은 세계 최강대국조차도 상호의존성이 국가 주권을 완전히 침식하지는 않지만 그럼에도 불구하고 정치와 정책 형성을 수정해왔음을 각자의 방식대로 인정해야만 했다. 국가안보에 의해 포괄되는 영역처럼 일부 사회생활 영역에서 국가는 이민 통제와 감시 형태로 정부적 통제권을 강화하고 28개 유럽연합 정당의 경우에는 지역적 통제권을 강화하는 한편, 인권 보호와 경제 협력 같은 분야에서는 공식적 주권을 공유하거나 심지어 양보함으로써 상호의존성에 대응하려고 시도해왔다. 이는 때로 '공유 주권'이라고 일컬어진다. 하지만 이런 공유 주권은 여전히 제한적이다. 솅겐조약으로 탄생한 국경 개방 지역은 영국과 아일랜드 같은 나라가 참여하지 않음에 따라 유럽연합 회원국을 모조리 끌어들이지 못한 반면, 바티칸 같은 유럽연합 비회원국은 사실상의 국경 개방 참여국이었기 때문이다.

셋째, 주권을 순전히 내부적 관점에서 살펴본다면 일부 국가는 다른 국가들보다 자국 영토에 대한 통제권을 더 잘 행사한다는 점을 알 수 있다. 미국과 콩고민주공화국 사이의 대비는 극명할 것이다. 콩고민주공화국은 1990년대 후반 이후로 잇따라 분쟁에 휩싸였다. 그 과정에서 수백만 명이 목숨을 잃고 여성들과 소녀들이 집단 강간을 당했으며 수많은 마을이 파괴되었다. 킨샤사에 위치한 중앙정부는 넓은 자국 영토에 유효한 지배권을 행사하지 못하며 이에 대담해진 다른 나라들은 경쟁 민병대에 자금을 지원함으로써 불안정을 부추기고 있다. 이전에 자이르라고 불린 콩고민주공화국은 냉전기에 모부투(1965~1997)가 이끄는 금권 정권이 통치했고 중앙아프리카에서 핵심적인 반공 우방으로 간주되었기 때문에 미국 등 다른 나라들에 의해 용인되었다. 모부투는 (광물과 석유 수출이 뒷받침하여) 풍부한 자금 지원을 받는 군대를 이용하여 일체의 소요와 저항 세력을 진압했기 때문에 나라 전역에 일정한 국내 주권을 유지할 수 있었다. 이런 상황은 1997년에 그가 망명지 모로코에서 사망한 뒤 바뀌었다.

하지만 잘 구축된 기반 시설과 행정 조직을 갖춘 미국 같은 강력한 국가도 완전한 주권적 통제력을 행사하는 데는 어려움이 있다. 이민 통제는 그런 쟁점 가운데 하나로, 특히 미국-멕시코 국경지대와 관련하여 이민은 연방정부에 계속해서 문제를 제기하고 있다. 미국 국경 순찰대는 인원과 차량, 감지 장비에 계속 투자하고 있는데도 리오그란데강과 미국 남서부 사막 지역을 넘는 사람들의 이동을 규제하는 데 매일같이 애를 먹고 있다. 이런 어려움을 고려하여 미국 시민들은 국경을 순찰하며 미국으로 불법 입국할 의도를 가진 사람들을 추적하는 미니트맨 프로젝트(Minuteman Project, 미니트맨은 독립전쟁 당시 즉시 소집이 가능한 민병대원을 가리킨다—옮긴이) 같은 자경단체를 결성했다. 그러나 이 단체는 단순히 이민만 걱정하는 것이 아니라 영어권으로서 미국의 위상과 남서부 에스파냐어 사용자 지역사회가 제기하는 커져가는 도전에 관해서도 우려의 목소리를 낸다.

넷째, 다른 상대방들이 내정불간섭 원칙을 존중할 때 주권은 명시적으로 인정받는다. 국가는 외부 세력의 간섭을 받지 않고 자체적으로 사안을 처리할 수 있어야 한다는 이 개념은 스위스 법학자 에머리히 드 바텔(Emmerich de Vattel)이 발전시킨 것으로 현재 정치 구조의 불가결한 요소다. 유럽 식민주의 그늘에서 벗어난 국가들이 탈식민정부의 탄생을 도모할 때 이 원칙은 특히 유의미했다. 하지만 미국과 소련 행정부는 군사적 침공, 경제 봉쇄, 문화적 침투, 정치적 주변화, 제재 등 다양한 형태로 다른 나라, 특히 이른바 제3세계 나라의 사안에 번번이 간섭했다. 예를 들어 미국은 1965년에 도미니카공화국을 침공했고 1973년에는 칠레를 불안정에 빠뜨렸다. 이는 1959년 피델 카스트로(Fidel Castro)의 지도력에 힘입어 쿠바혁명이 성공을 거두고 자리를 잡음에 따라 아메리카대륙에 사회주의 정부가 더 들어서지 않을까 두려워했기 때문이다. 소련은 개혁적 정부를 무너뜨리기 위해 1956년에는 부다페스트로, 1968년에는 프라하로 탱크를 보냈다. 냉전 지정학적 구조물 근저에 깔린 것은 공간적 봉쇄의 충동이었고, 그리하여 사람과 사상, 사물의 이동성을 제약하고자 했다. (미국의 경우에는) 그 사람과 사상, 사물이 소련과 그 동맹으로부터 비롯되는 것이라면 특히 그랬다.

국제생활의 다른 영역의 경우 인권 보호 신장이 증언하는 바와 같이 많은 국가가 내정불간섭 원칙의 제한을 적극적으로 장려해왔다. 그러나 유엔안전보장이사회 상임 이사국으로 대표되는 국제 공동체가 압력 단체, 조지 클루니 같은 유명 인사, 그리고 분쟁 지역 바깥의 다른 국가에서 조직적으로 벌이는 여론 환기 운동에도 불구하고 다르푸르(수단)와 시리아 등지에서 대규모 인권 침해와 종족학살의 증거에 언제나 선뜻 반응해온 것은 아니다.

일부 국가는 스스로 효과적인 주권이라고 여길 만한 것을 더 잘 행사할 수 있다. 이는 자국의 영토를 통제하고 운영하며 돈, 사람, 상품, 사상, 기술의 흐름을 규제할 능력을 보유하고 있다는 의미다. 또 미국이나 중국과 같은 다른 국가는 더 큰 역외(영토 바깥—옮긴이) 능력을 갖고 있고, 따라서 진정으로 지구화된 관계를 맺고 유지할 수 있다. 다른 국가, 다른 공동체, 다른 지역에 관여하고 간섭할 수 있는 능력은 물론 가장 초기의 일부 지정학 사상가도 인식했다. 해퍼드 매킨더가 주목했듯이 교통을 비롯하여 새로운 과학기술 덕분에 세계가 가까워지고 있음을 각국이 인식함에 따라 포스트콜럼버스시대는 더 심화된 관계를 맺게 될 가능성이 크다. 시공간 압축은 더 심해졌고 지구화의 지리적 강도와 의미를 둘러싸고 논쟁이 분분함에도 불구하고 지구화는 인간 경험에서 그런 변화를 단적으로 보여주는 말로 널리 쓰이고 있다.

심화된 지구화 시대의 지정학적 구조물

지구화의 더 최신 양상을 살펴보기 전에 먼저 지구화란 무엇인가? 이 용어는 사람, 사상, 기술, 상품의 이동과 그런 이동이 인간관계에 미치는 파장을 가리킨다. 15세기와 16세기 이래로 이런 흐름은 점차 심화되었고 훗날 각각 제1세계, 제2세계, 제3세계로 묘사되는 곳의 토착민 인구에 심각한 결과를 초래했다. 네덜란드, 포르투갈, 에스파냐, 영국, 프랑스는 이런 지구적 사업의 최전선에 있었고 '식민주의적 접촉'은 노예를 비롯한 사람과 상품의 지구적 교역을 불러왔다. 네덜란드 동인도회사 같은 지구적 기업은 제국 후원자들의 지원 아래 이런 교역 네트워크를 구축하고 운영하는 데 일조했다.

19세기에 이르자 새로운 대륙 세력 미국이 태평양과 카리브해에서의 영토를 획득하며 사람, 상품, 사상의 흐름 측면에서 존재감을 드러내기 시작했다. 같은 시기에 지구적 경제가 더 구체적인 형태를 띠면서 국제적 협조의 필요성이 커졌다. 1884년 국제자오선회의는 그리니치를 본초자오선으로 정하고, 그리하여 합의된 시간대를 바탕으로 한 새로운 세계 지도의 등장을 가능하게 했다.

20세기 초반에 이르자 항공, 자동차, 국제 무역 덕분에 사회적·정치적·문화적 연결성은 증대했다. 지난 세기 말에 국제 체제가 확장되고 심화되면서 물리적 공간이라는 의미에서 지리는 인간 이동성에 더이상 장애물로 작용하지 않는 듯했다.

저널리스트 토머스 프리드먼(Thomas Friedman)에게 2000년도는 지구화의 최절정이었다. 다보스에서 열리는 세계경제포럼과 같이 대대적으로 보도되는 행사에서의 연례 모임과 나란히 소프트웨어 기술과 인터넷이 사람과 사물을 갈수록 더 가깝게 이어주었다. 하지만 이런 연결이 반드시 공유된 기획은 아니었으며 기술과 무역, 문화에 대한 접근성의 지속적인 불평등을 확실히 드러내기도 했다(그림 6).

'역사의 종말'처럼 '지리의 종말'도 여기저기서 공언되었지만 지구화의 다양한 지리는 경계와 거리, 상호연결성, 책임성의 의미를 부각했다. 17세기 이래로 유럽 국가들과 나중에 미국 등 다른 국가들은 국가 영토와 그에 따르는 사람, 상품, 사상, 돈의 흐름 사이의 관계를 적극적으로 관리하고자 해왔다. 19세기는 게릿 공(Gerrit Gong)이 주목한 대로 '문명 표준(standards of civilization)'의 정립을 예고했다. 유럽 국가들은 표준을 세움으로써 국제 체제의 현재와 미래의 모습을 결정할 수 있었고 그 기준에 의거하여 신생국들은 '획득한 주권'의 형태로 법적 인정을 얻어냈다. 다양하고 무수한 형태의 기준은 지구적 질서를 위한 '규칙'과 '기대'를 제공하는 데 일조하므로 지구화의 본질적 요소다.

6. 2018년 세계경제포럼을 광고하는 플래카드, 스위스, 다보스

미국은 이른바 '열강'으로서 최근까지 규칙 기반의 국제 자유주의 질서 수립의 선봉에 있었다. 또 국제연합과 1948년 인간 권리에 관한 보편적 선언 같은 전후 제도의 탄생에 중요한 역할을 했다. 예를 들어 국제연합 헌장에서 각국은 무엇이 국제 평화와 안보에 위협이 되는지를 결정할 권한이 안전보장이사회에 있으며 이와 관련하여 특정 결의를 준수해야 한다는 점을 수용한다. 더 일반적으로는 '주권'이 오용되고, 분할되고, 공유되어왔다는 의미에서 법적 주권과 사실상 주권 사이에는 간극이 존재한다. 또한 국가는 장벽을 건설하고, 이동성을 제약하거나 타국을 상대로 침략을 감행하든지 간에 자국의 '주권'을 수호하고 보전하려고 한다.

전 세계의 시민들은 신자유주의 지구화를 안보와 대중 감시에 대한 투자와 결합한 특정한 지정학적 구조물에 항의하기 위해 거리로 나섰다. 2010년 튀니지의 시위자들은 나중에 '아랍의 봄'으로 일컬어지는 사회운동을 촉발했는데, 이 아랍의 봄은 서아시아 곳곳의 정권 교체(또는 교체 위협)를 가져왔다고 여겨졌다. 그와 동시에 '점령하라 운동(Occupy Movement)' 같은 사회운동도 세계 곳곳에서 갈수록 활발히 전개되면서 99퍼센트의 시민으로 불리는 사람들이 지구화와 관련된 혜택에서 배제되고 있음을 부각했다. 단순히 공공선과는 거리가 먼 현 형태의 신자유주의 지구화는 기업과 정부 엘리트들에게만 좋은 것으로 인식되었다. 엘리트주의에 대한 이런 반감은 미국이나 영국과 같이 고도로 계층화된 사회에서 특히 팽배했지만 그런 사회에만 국한되지 않았다. '점령하라 운동'은 정점에 달했을 때 80여 개국과 900여 개 도시에서 유사한 항의 시위를 자극했다고 평가되며 그 이후로 유럽과 북아메리카에서 경제적·정치적 토착주의(토박이 시민들의 이해관계를 보호하고 수호하려는 경향), 대중 소요, 긴축과 이민, 부의 재분배를 둘러싼 양극화된 정치적 논의가 표출되지 않은 곳이 거의 없다(그림 7). 각국 정부가 긴축과 경비 절감 정책을 추진하기 시작하면서 불어닥친 심각한 재정 위기와 불황(2007~2008년부터 지속)은 이런 항의 시위에 더욱 반향을 불러일으켰다. 10여 년이 지난 지금 포스트자유주의 국제 질서에 대한 논의가 서구의 자유민주주의 체제에서 나타나는 구조적 위기와 나란히 진행되고 있다는 사실은 우연의 일치가 아닐 것이다. 정치 스펙트럼 전반에 걸쳐 다수의 정치 지도자가 등장하여 이런 불만족과 분노의 정서를 이용했다.

지구적 지정학이 어떻게 변해왔는지 보다 온전히 이해하려면 무엇보다도 각국이 지구화와 관련된 과정에 어떻게 대응하고 저항하고 규제해왔는지를 살펴보아야 한다. 존 애그뉴(John Agnew)는 주권 체제(sovereignty regime)를 거론하며 서로 다른 유형의 공간적 배열과 국가적·지역적 경계를 교차

7. 2018년 2월 런던 중심가에서 벌어진 긴축 정책 반대 행진

하는 국가 통제와 권위관계를 구분한다. 그러므로 존 애그뉴는 국가 주권과 다양한 형태의 지구화가 서로 경쟁하고 있다고 보는 대신 다양한 형태의 '지구화 지향 국가(globalist state)'를 찾아낸다. 전통적 지정학적 사유가 국가와 유럽제국의 흥망성쇠에 사로잡혀 있다면 최근 저작들은 비국가 행위자, 네트워크, 지역적 조직, 초국적기업, 국제적 정부기구의 역할을 탐구해왔다. 주권 같은 개념과 국가는 여전히 매우 중요하지만 얽히고설킨 상호의존성과 공존은 국제관계와 그에 수반되는 지구적 지리를 변화시키고 있다. 국가는 복수의 경계를 소유하고 있으며 세계은행, 국제연합, 글로벌미디어 기업, 세계무역기구(World Trade Orgarnization, WTO)가 지구적 행위를 형성하는 데 각자 일익을 담당하면서 거버넌스는 더 지구적이고 다중심적인 방식으로 드러난다고 보는 시각이 이제는 일반적이다.

여기서 심화(intensity) 개념이 중요한데, 국제적 경계와 배타적 주권을 초월하는 능력을 보유한 흐름과 쟁점에 국가가 갈수록 적응해야 한다는 증거가 쌓이기 때문이다. 이런 흐름과 쟁점에는 두말할 필요도 없이 지구 기후 변화, 인권, 마약 밀매, 핵무기에 의해 인류 절멸의 가능성 등이 포함될 것이다. 흔히 지난 60년에 걸쳐 특정 형태의 지구적 질서가 1945년 일본과 독일이 패망한 이후 세계를 지배해왔다고 말한다. 전쟁에서 승리한 미국과 영국 및 그 우방들이 뒷받침한 이 지구적 질서는 세 가지 핵심 특징을 갖고 있다. 지구적 자본주의 경제의 발전, 국제연합 창설, 자유민주주의 증진이다. 미국은 두 국제기구, 즉 국제통화기금(International Monetary Fund, IMF)과 세계은행 창립을 바탕으로 한 새로운 경제 질서의 탄생에 주도적 역할을 했다. 1944년 뉴햄프셔주 브레턴우즈에서 처음 고려된 이 기구들은 국제경제의 안정을 확립하고 전후 재건에 자금을 제공하는 것을 목표로 했다.

그렇게 하여 등장한 것이 브레턴우즈 체제라는 것이었다. 이 체제는 전후 통상과 금융관계를 지배하는 제도적 기구와 규칙을 확립하기 위한 것이었다. 그 과정에서 공격적 형태의 경제민족주의의 망령은 추방될 터였다. 브레턴우즈 체제의 중심에는 1944년 7월 연합국 통화금융회의에 참석한 44개국이 있었다. 일단 회의 협정문이 1946년에 비준되자 IMF가 국제금융 안정성을 관리하고 증진하는 것을 도울 수 있도록 각국은 자국의 통화 환율을 고정된 가치 범위 안에 유지해야 했다. 1971년 고정환율제도는 붕괴되었고 미국은 달러에서 금으로의 태환을 중지했다.

1971년 이후 국제통화는 더이상 특정 환율에 고정되어 있지 않았고 국제금융 유동성은 증대했다. 특히 뉴욕, 파리, 런던 등 다수의 세계 도시가 포스트브레턴우즈시대의 중추로 떠올랐다. 글로벌 금융 중심이 점차 통합되고 네트워크로 연결되면서 이런 '글로벌 도시'가 자국 내 배후지보다 서로 간에 공통점이 더 많다는 우려가 표명되어왔다. 런던에서 1980년대 증권거래소의 국제화는 부와 투기 자산의 폭발적 유입을 촉발하여 자산시장에 인플레이션 압력을 초래했다.

이런 재건 투자에서 브레턴우즈 체제는 하나의 요소일 뿐이다. 1945년 국제연합의 창설은 전후 세계 국가 행위의 관리와 규제에 필수 불가결했다. 국제연합 헌장은 주권과 다른 국제연합 회원국의 사안에 대한 불간섭 같은 그 밖의 규범 정립에 핵심 역할을 했다. 관세 및 무역에 관한 일반 협정을 비롯한 국제적인 법적 협정도 지구적인 '규약집'을 유지하는 데 일조했다. 게다가 더 나은 정치 체제로서 미국이 자유민주주의를 증진한 것은 사회주의 혁명을 공공연하게 주창한 소련과 중국하고 벌인 냉전 대결에서 자국의 역할을 정당화하는 데 결정적이었다. 1991년 소련이 붕괴되고 동유럽과 그 밖의 지역에서 사회주의 정권이 몰락함에 따라 미국의 경제적·정치적 표식이 찍힌 제도는 자유 무역, 열린 시장, 외국의 직접 투자의 도래를 사실상 예고하고 옹호했다. 초국적기업들은 세계 곳곳의 국가와 정부에 의해 지탱되고 뒷받침되는 투자와 생산활동을 통해 그런 지구적 경제 풍경의 공고화를 용이하게 했다.

이 모든 일은 제2차세계대전의 유산이 계속하여 존재감을 발휘하던 세상에서 일어나고 있었다. 1945년 2월 소련, 미국, 영국의 지도자들은 크림반도 휴양지 얄타에서 열린 회담에 참석했다. 스탈린, 루스벨트, 처칠이 참석한 이 회담은 실질적으로 1945년 이후 유럽의 운명을 결정했다. 회담의 주요 성과는 다음과 같았다. 소련은 동유럽과 중유럽에서 완충지대를 얻는 대가로 국제연합에 가입한다. 소련은 일본에 선전포고를 한다. 독일과 오스트리아는 점령되어 네 구역으로 분할될 것이며 얄타회담의 세 참가국과 프랑스가 점령지를 각각 관할한다. 독일은 배상금을 지불한다. 에스토니아, 라트비아와 같은 나라는 계속 점령지로 남는다. 그러므로 이 결정사항은 국제연합 헌장의 밑바탕이 되는 규범과 원칙을 이야기할 때 모두 기억할 필요가 있다.

동독 정권과 중유럽·동유럽의 다른 공산 정권이 붕괴되면서 유럽의 지정학이 근본적으로 바뀌게 되기까지는 앞으로 40년이 걸릴 터였다. 베를린 장벽(1961년 건설)의 붕괴는 그런 전환 가운데 길이 기억에 남을 순간이다. 2000년대 초 소련은 이미 붕괴되었고, 과거 동유럽 공산 정권은 유럽연합과 나토에 가입했으며, 러시아는 유럽연합과 나토 모두와 새로운 제휴관계를 맺었다. 지난 10년 사이에 유럽연합-러시아 협력관계는 가스 가격, 선거 개입, '가짜 뉴스', 크림반도 병합과 동부 우크라이나의 불안정성, 이민 통제, 국경안보, 군사 활동 같은 쟁점이 갈등을 유발하게 됨에 따라 갈수록 더 팽팽한 긴장이 흐르고 있다.

지정학적 경쟁과 경제적 지구화 사이의 연결고리는 상당한 논쟁거리다. 일각의 평가에 따르면 국가의 위상은 이런 지구적 경제와 정치 질서의 강력한 요구 조건 때문에 점차 퇴색되었다. 국가가 금융 지원을 요청할 때 세계은행과 IMF 같은 경제기구는 특히 사하라 이남 아프리카와 아시아에서 정부 지출과 거시경제 정책에 상당한 통제권을 발휘할 수 있었다. 이른바 구조 조정 프로그램은 금융 지원에 수반되는 조건을 부과해왔는데, 여기에는 정부가 공공 지출을 삭감하거나 외국 투자에 대한 제한을 완화하라는 요구가 포함되기도 한다. 냉전기에 IMF처럼 미국이 지배하는 국제기구는 석유와 천연가스 자원 때문에 전략적으로 중요하게 여겨지는 서아프리카 같은 지역에 더 큰 영향력과 통제력을 행사했으므로 그런 국제적인 경제 조치는 지정학적 함의를 띠었다. 마르크스주의 지리학자 데이비드 하비(David Harvey)는 국제기구가 제3세계 시장과 자원에 더 쉽게 접근할 수 있게 해주는 방식을 조명하는 '탈취에 의한 축적(accumulation by dispossession)'을 언급해왔다. 동남아시아 같은 지역에서는 국제 차관이 소련이나 중국의 지지를 등에 업은 사회주의적 야심에 맞선 대결에서 미국의 우방으로 여겨지는 국가에게 몰렸다. 이런 측면에서 한국과 말레이시아 같은 나라는 특히 베트남전쟁 동안 수혜자였다. 특히 미국 행정부 인사들은 베트남이 공산주의 세력에게 넘어가면 이웃 국가들도 사회주의 간섭에 취약해질 것을 우려했다.

다른 논평가들은 IMF 같은 국제경제기구와 초국적기업체가 국가와의 관계에 의존한다고 주장한다. 물론 그런 관계는 지구적 흐름과 네트워크에 의해 변화를 겪었다. 국가는 궁극적으로 전후 경제·정치 질서를 창조했고 미국은 이 점에서 가장 중요했다. 더욱이 재산, 과세, 투자 관련 법은 초국적기업의 활동을 규제하고 보호한다. 지구화가 지구적 정치 질서를 비롯한 '정세(state of affairs)'를 바꾸어온 방식을 조명하는 데 이용될 수 있다는 의미에서 '변형된 국가(transformed state)'라는 개념이 더 유용하다. 경제지리학자 피터 디킨(Peter Dicken)이 피력한 바와 같이 국가는 계속해서 구체적 사업과 경제활동을 좌지우지하며 법적 관할권 안팎에서 규제한다. 아이러니하게도 일부 관찰자가 지구화 심화의 직접적 결과로 국가의 소멸을 예언해온 지금 지구상에는 그 어느 때보다 많은 국가가 존재한다.

이 같은 현실이 지정학에 미치는 함의는 심오하다. 한편, 냉전 종식으로 각각 슬로베니아와 독립국가연합 같은 새로운 국가와 지역적 조직이 등장했다. 소련의 붕괴, WTO 같은 국제경제기구로 러시아와 중국의 점진적 통합은 각각 정도의 차이는 있지만 이전 공산주의/사회주의 국가가 지구적 자본주의의 발전과 연관된 네트워크와 구조 안에 편입되어 있음을 잘 보여준다. '워싱턴 컨센서스'라는 표현은 나머지 세계가 미국이 주도하는 국제 질서와 관련된 규칙, 규범, 가치를 따르는 것처럼 보이는 실상을 묘사하는 데 쓰였다. 공개시장, 해외 직접 투자와 같이 신자유주의와 연관된 사상과 정책이 패권을 쥔 듯했다.

규제가 철폐된 세계지리의 비전—투자와 상품이 자유롭게 이동하는 국경 없는 지대로서의 지구—이 승리하리라. 국가는 사업을 촉진하는 존재가 되어야 한다고 여겨졌고 한때 엔론(Enron)과 같이 미국에 근거지를 둔 대기업들은 사법적·재정적 구조의 상대적 부재를 십분 활용할 수 있었다. 1990년대에 프랜시스 후쿠야마(Francis Fukuyama) 같은 논평가들은 미국이 뒷받침하는 신자유주의 및 민주주의와 관련된 이런 사상과 실천이 승리했다고 환호했다. 다시 말해 '서구'가 사상과 실천의 전투에서 이긴 것 같았다.

다른 한편, 이런 승리와 동화(同化)의 이야기는 보이는 것만큼 그렇게 명백하지 않았다. 민주주의적 전환은 중국과 사하라 이남 아프리카, 이슬람 세계 곳곳을 비롯하여 세계 모든 지역에서 규범이 된 것이 아니다. 심지어 일례로 이집트와 알제리 등지에서 민주주의가 등장했을 때도 그곳의 권위주의적 정부와 군부는 이를 수용하지 않았다. 정치이론가 데이비드 런시먼(David Runciman)이 주목한 대로 자유주의와 민주주의의 융합은 자명하지 않고 비자유주의적 민주주의 사상과 관행 역시 유럽에서 기원했다. 경제적 신자유주의의 채택은 서유럽과 미국은 말할 것도 없고 범남반구의 많은 나라에서 거센 반대를 불러일으켰다. 일각에서는 이제 포스트 워싱턴 컨센서스나 심지어 뉴 워싱턴 컨센서스를 이야기하며 신자유주의가 건강과 지역사회 건설 같은 분야의 미시적 수준에서 변화를 촉진하며 회생을 시도하고 있다고 설명하지만 정부와 시장, 기업이 애초에 왜 바로 그 지역사회에서 실패하고 있는지에 관한 질문은 줄곧 회피한다.

반(反)지구화와 반긴축운동의 등장은 경제적·정치적 신자유주의의 지속에 대한 저항의 가장 명백한 발현이다. 많은 나라에서 2008년 금융 위기를 예측하고 관리하지 못한 엘리트 계층에 대한 분노가 뚜렷이 느껴진다. 포퓰리즘의 대두는 긴축(정치적 좌파의 관심사)과 이민(정치적 우파의 관심사)이 사람과 자본의 이동을 관리하는 방식에 관해 분노를 표출하는 데 기여해왔음을 상기시킨다. 어떤 사람들은 더 나은 삶을 찾아 이주하고 싶어하는 반면, 어떤 사람들은 자신들의 일자리와 복지가 새로 도착하는 이민자들에 의해 위협받고 있다고 우려했다. 국경 통제는 포퓰리즘 형태의 지정학에 당연해졌다. 내전과 국제적 무력 충돌은 난민, 망명 희망자, 이민자를 수용하도록 국가와 지역사회를 한층 압박한다.

'엘리트'에 대한 저항과 분노의 첫 징후는 1990년대에 쾰른, 제노바, 런던, 시애틀 같은 도시에서 나타났다. 흔히 WTO나 G8 모임에 맞추어 일어나는 반지구화 시위에서 비판가들은 신자유주의가 국가적 경계를 침식하고, 그리하여 글로벌 기업과 국제기구, 헤게모니 세력으로부터의 원치 않는 간섭에 지역사회를 노출해왔다고 규탄한다. 그런 격렬한 비판의 중심에는 특정 종류의 흐름이 현지 지역사회와 공동체를 압도하고 있으며 국가 정부는 각국의 영토와 교차하는 그런 흐름을 완화할 능력이나 용의가 없다는 우려가 자리잡고 있다.

반지구화 운동은 여전히 다각적이며 국제적 경계를 가로질러 여러 정당과 기구들을 끌어들이고 있다. 이와 같은 주도적 움직임은 사회경제적 불평등에 맞선 국제적 항의 시위로 2011년 10월에 시작된 점령하라 운동의 개시로 한층 탄력을 받았다(상자 5). 당시 '아랍의 봄' 운동과 에스파냐와 포르투갈의 인디그나도스(Indignados, 분노한 사람들) 운동에 고무되어 지구적 부의 집중과 지구적 지정학의 민영화에 대한 광범위한 반대를 표명하는 데 대중의 관심이 부쩍 증가하고 있었

상자 5 항의 위치시키기: 뉴욕시 주코티공원

리버티플라자공원이라고도 하는 주코티공원은 뉴욕 시민과 방문객을 제외하면 대다수 시민에게는 알려지지 않았을 것이다. 로어맨해튼에 위치한 그곳은 9/11 쌍둥이 빌딩 공격중에 훼손되었다. 2006년 한 기업체가 매입한 뒤 이름이 바뀐 공원에서는 9/11 이후 여러 해에 걸쳐 추모 행사가 열렸다. 10년 뒤 주코티공원은 완전히 다른 종류의 지정학적 수행(performance), 다시 말해 뉴욕시(그리고 미국)가 폭력의 희생자가 아니라 전 세계 불평등의 생산자로 기억되는 수행의 현장이 되었다. 2011년 9월 17일 시위자들은 주코티공원에 모여 '월가를 점령하라' 운동을 시작했다. 선택된 장소는 뉴욕의 금융 중심지와 가까울 뿐 아니라 시 당국이 폐쇄할 수 없는 사유지였다. 그러자 공원 소유주인 브룩필드 부동산 회사, 뉴욕 시정부, 뉴욕 경찰청은 주코티공원에 대한 접근을 제한하고 공원 안쪽에 텐트와 시설물 설치를 막기 위해 잇따른 법적·물리적 다툼에 휘말리게 되었다. 그때 부과된 제한 조치는 지금까지 유효하지만 시위는 전국적이고 국제적인 차원에서 논쟁을 불러일으켰고 나오미 울프처럼 유명 인사들이 시위자들에게 지지를 표명하다가 체포되었다.

2016년 유럽연합을 탈퇴하기로 한 영국의 결정은 이민, 열린 국경, 거버넌스 통제에 관한 논쟁에 초점을 집중시켰다. 정치적 스펙트럼 전반에 걸쳐 영국 국민들과 정당들은 지역적이고 지구적인 거버넌스 구조에 맞추어 영국이 어떻게 적응하거나 적응하지 못하는지를 둘러싸고 깊이 분열된 것처럼 보였다. 하지만 브렉시트는 지구화에 맞선 투쟁이라기보다는 경제적 민족주의와 반이민 정서가 표출된 사례라고 보는 편이 더 타당하다. 영국 정부에게 글

> 로벌 영국은 지구적인 것에 대한 거부가 아니라 유럽연합이 아닌 영국이 주체가 되어 그 지구적 관계를 형성할 것이라는 결의를 나타내는 데 널리 채택된 구호였다.

다. '점령하라'라는 단어는 이것이 고도로 지리적인 항의운동이기 때문에 중요했다. 점령하라 운동의 목적은 신자유주의적 지구화와 국제금융 시스템 간 상호작용의 재조정을 요구하는 것이었지만 한편으로는 공간적인 도전이기도 했다. 같은 달에 시위자들은 런던 세인트폴대성당 밖에 농성 천막을 쳤다. 이 장소는 의도적으로 선택한 곳이었다. 런던 금융 중심지와의 인접성은 영국 정부와 국제금융 부문과의 긴밀한 관계를 부각할뿐더러 시민사회와 제3부문(종교 단체 포함)이 계속되는 금융 위기와 긴축 와중에 어떤 역할을 해야 하는가에 관한 질문을 던지기 위한 것이었다.

신자유주의 지구화와 자유주의적 국제 질서의 미래

신자유주의 지구화는 자유주의적 국제 질서의 미래와 어떻게 연결될 수 있을까? 미국과 영국 같은 나라의 정부가 갈수록 시장 접근성, 기업 친화적 세금 정책과 함께 공공 부문에서 국가 개입의 축소를 역설하면서 신자유주의적 지구화가 심화되는 동안 테러와의 전쟁(2001년부터 지속) 또한 군사/안보 부문의 지출 증가를 촉발했다. 그 결과 유럽과 북아메리카 도시의 경제적·정치적 공간을 안전하게 지키기 위해 시리아, 이라크, 아프가니스탄 같은 세계의 다른 지역에서 폭력과 무질서를 통제하는 활동인 초국적 안보 관행 때문에 국내적인 것과 국제적인 것 사이의 구분이 점점 모호해지고 있다는 우려가 표명되고 있다. 다시 말해 사람들이 위치 자체와 상관없이 어떻게 치안과 안보의 대상으로 관리되는지에 관한 관심이 커지고 있다. 물론 치안 유지와 안보활동의 성격과 정도는 천차만별이며 어떤 신체가 다른 신체보다 더 위태로워지게 될 것이라는 의미에서 공간은 여전히 중요하지만 일반적으로 지구화는 지구적 안보 프로젝트에 더 가까워지고 있는 것일까?(상자 6)

정치지리학과 IR 및 안보 연구 같은 관련 분야에서 현재 지정학적 구조물은 봉쇄(containment)보다는 공간 운영에 입각하고 있다고 사회과학자들은 주장한다. 그러므로 신자유주의적 지구화를 안전하게 보장하려면 전 세계 시민의 삶에 더 강력한 형태로 간섭할 수밖에 없다는 것이다. 일각에서는 원래 1980년대와 1990년대의 도시생활 개혁을 정당화하고 합법화하는 데 사용된 '깨진 유리창' 같은 범죄 감소 조치가 보

상자 6 도시 분노

『도시 분노*Urban Rage*』에서 도시지리학자 무스타파 디케츠(Mustafa Dikeç)는 유럽과 북아메리카의 도시가 어떻게 시위와 무질서에 휩싸이게 되었는지를 살펴보는 매우 설득력 있는 설명을 제시한다. 그는 미주리주 퍼거슨에서 유럽의 런던, 파리, 스톡홀름, 이스탄불에 이르기까지 배제와 원한을 도시 분노의 중추로 파악한다. 고급주거지, 인종차별적 치안 유지, 사회적 박탈, 경제적 지위 상실, 공격적인 민족주의, 반이민 정책 등이 모두 유해한 효과를 일으키는 것으로 여겨진다. 설상가상으로 국지적·국가적 민주주의 체제는 그런 배제와 불평등에 반응하는 데 느리고 때로는 무관심하다고 주장된다. 퍼거슨 같은 일부 경우에는 현지 경찰력이 그곳의 아프리카계 미국인 주민들에게는 점령 준군사 조직처럼 보일 수도 있고 실제로 그렇게 보이며, 사법 당국자들은 길거리 배회나 무단횡단 같은 위반 사항으로 주민들을 처벌하는 데 열심인 것 같다. 그런 인식은 빈민층과 취약계층 사이에서 '도시 분노'를 불러일으키며 '흑인의 생명도 소중하다' 같은 사회운동의 동력이 된다.

문제를 더욱 복잡하게 만드는 것은 토론토에서 바르셀로나까지 북아메리카와 유럽 도시들이 부지불식간에 테러활동의 표적지가 되었다는 점이다. 2017년 8월 대형 승합 차량이 바르셀로나 중심가에서 보행자들을 고의로 치어 14명이 사망했고 2018년 4월에는 차량이 버스정류장에 있던 군중 사이로 돌진하여 10명이 목숨을 잃었다. 두 사건에서 범행자는 판이했다. 한 명은 지하드 전사였고 다른 한 명은 외톨이이면서 폭력적인 여성혐오자였다. 하지만 최종 결과는 똑같이 도심이 그 밖의 분노와 폭력 표출에 표적이 된다는 것이었다.

다 일반적인 차원에서 더 많은 감시와 치안, 거버넌스에 찬성하는 데 동원되고 있다고 보고 있다. 원래 뉴욕의 맥락에서 깨진 유리창 이론의 발상은, 이를테면 낙서와 같이 어떤 형태의 범죄 행위든 반드시 진지하게 다루어야 한다는 것이었다. 만약 시 당국이 '작은 문제'를 제대로 처리하지 않으면 범죄자들은 강도, 폭행과 같이 '더 큰 문제'도 열심히 수사하지 않으리라고 생각하게 될 것이다. '깨진 유리창'은 진지하게 다루어져야 한다.

이런 비유는 매우 공간적이다. 뉴욕의 맥락을 들면 도시에는 지하철을 비롯하여 더 많은 거버넌스가 필요한 지역들이 있다. 하지만 깨진 유리창 이론의 비유는 흐름과 이동성을 조명하기 때문에 강력했다. 그런 '깨진 유리창'에는 책임을 져야 하는 사람들이 존재하고 그들을 추적하여 기소할 필요가 있다. 설상가상으로 도시의 한 지역에서 제대로 대처하지 못하면 다른 지역들도 '깨진 유리창'을 경험하도록 조장할 수 있다. 마찬가지로 '약한 국가'와 심지어 뉴욕 같은 도시에서 '미약하게 통치되는(thinly governed)' 영역은 다른 지역을 불안정하게 하고 교란할 수 있으므로 위험하다. 2005년 허리케인 카트리나가 휩쓸고 간 뒤 뉴올리언스 거리부터 바그다드 뒷골목까지 깨진 유리창과 불관용 원칙의 병치는 새로운 종류의 사업과 안보 관행을 가능하게 했다고 거론되며 나오미

클라인은 그런 관행 덕분에 기업과 국가가 치안 유지 활동, 과세, 감시를 통해 투자하고 간섭하고 규제할 수 있도록 힘을 얻고 있다고 주장한다. 침공 이후 이라크는 핼리버턴, 벡텔, 블랙워터 같은 무수한 기업체와 회사들의 사업-안보 기회의 땅으로 탈바꿈했다. 그리고 뉴욕과 런던 같은 도시는 관광객과 방문객을 포함하여 더 안전하고 더 사업 친화적으로 바뀌었다.

보다 장기적으로 볼 때 우리는 두 종류의 지정학적 구조물, 즉 공간적 봉쇄에 입각한 구조물과 공간적 운영으로 뒷받침되는 구조물의 혼종화를 목격중인 듯하다. 신자유주의적 지구화는 시장 접근성과 민영화에 대한 마땅한 강조와 함께 이 두 가지 변종을 조장한다. 하지만 트럼프 대통령은 '열린 국경'과 지구적 무역에 비판적이다. 그가 제시하는 비전은 더 보호주의적이며 미국이 1940년대와 1950년대에 수립한 경제적·지정학적 국제 질서를 유지하고 뒷받침하기 위해 지불하는 '대가'를 못마땅하게 여긴다.

미래에는 국가 축소와 국경 통제를 비롯한 공간 운영이 중시될 가능성이 크다. 내부적으로는 국가가 공공 조달 부문에서는 후퇴하면서 치안 유지 활동과 감시 같은 분야에서는 확장될 가능성이 크다. 가난한 도시 지역사회는 이런 간섭의 타격을 심하게 받을 텐데, 바로 그들이 국가 업무를 저해한다고 평가될 가능성이 가장 크기 때문이다. '도시 분노' 표출은 지역사회가 불이익을 당하고 주변적으로 취급된다고 느낄 때 뒤따른다. 신기술과 데이터(예를 들어 '빅데이터' 자동화와 기계학습 기법)는 종종 더 효율적인 거버넌스라는 이름으로 더 많은 간섭을 용이하게 할 것이다. 주민 집단은 인구학적이고 사회경제적 추세에 따라 갈수록 조사와 각종 활동의 표적 집단이 된다. 외부적으로는 정부가 보호주의적 민족주의와 닫힌 국경에 기울게 될 것이며 이는 계속해서 유동적이고 극단적 변화를 겪는 것처럼 보이는 세계와 어색하게 공존할 것이다. 일부 소규모 저지대 국가들은 해수면 상승으로 침수되는 한편, 어떤 국가들은 식량, 토지, 에너지를 비롯한 자원에 대한 수요 증가로 이득을 보고자 할 수도 있다.

포퓰리즘적 구조물?

세계금융 위기와 그것이 전 세계 시민에게 미치는 충격에 대한 항의가 잇따르는데도, 신자유주의가 심화되면서 국가와 정부가 공공 지출을 삭감하고 지구적인 투자와 사업에 한층 더 매력적이고 접근하기 쉽게 바뀌어야 한다는 압력도 계속되고 있다. 예를 들어 이런 경향은 영국과 미국에서 정부 지출을 삭감하고 시민들로 하여금 더 회복 탄력성이 있는 전략을 개발하도록 장려하라는 압력을 초래했다. 앞으로 일어날 위기와 혼란에 단단히 준비해야 하는 부담을 시민들에게 돌리는 셈이다. 유럽대륙에서는 공공 부문 감축과 시민 회복 탄력성에 대한 호소와 관련하여 시민사회 부문에서 성난 반응이 터져나왔다. 유럽연합 기구들과 관련된 복잡한 재정 규정으로 제약을 받게 된 그리스 같은 나라에서는 광범위한 시위가 일어났고, 빈곤이 심화되었으며, 국가가 철수하면서 생겨난 공백을 메우기 위해 자선기관들이 대신 나서야 했다. 그런 긴축과 공공 부문 축소를 악화시키기라도 하듯이 북아프리카와 서아시아 지역의 지정학적 전환은 근래에 위기를 야기해온 통제되지 않은 이민자의 흐름에 관한 불안감을 다시 불러일으켰다.

이와 같은 추세는 유럽과 북아프리카의 자유민주주의 체제에 한층 문제가 되고 있는데, 자유주의적 국제 질서에 대한 헌신이 뚜렷이 퇴조하고 있기 때문이다. 미국의 도널드 트럼프부터 헝가리의 빅토르 오르반(Viktor Orbán)에 이르기까지 정치 지도자들은 자국민들을 안전하게 지키고 안정적 고용을 제공하는 정부의 능력을 둘러싼 분노, 불만, 공포를 이용하고 있다. 국내적·국제적 지정학은 서로 교차하며 우리는 시민들이 포퓰리즘이나 심지어 토착주의를 지지하거나 반대하는 무수한 사례를 목격했다. 자유주의적 국제 질서는 압박을 받고 있지만 그 핵심 가치와 관행을 수호하기 위해 기꺼이 싸울 의지가 있는 사람들도 있다. 그 국제 질서가 100억 명의 인구가 살며 온난화가 진행되는 세계에 대처할 만한 능력이 있는지는 논란의 여지가 있다 해도 말이다. 하지만 한 가지는 분명히 할 필요가 있다. 누군가는 자유주의적 질서의 앞날을 걱정하지만 많은 이는 바로 그 질서를 다른 사람들과 종, 환경을 희생시켜가며 더 부유한 일부 특권층의 이해관계를 보호하는 데만 뛰어난 것으로 여긴다는 점이다.

제 4 장

대중지정학

지난 10여 년 태반 동안 지정학과 국제 정치의 대중적·시각적 차원에 대한 관심이 적잖이 커졌다. 정부와 엔터테인먼트 산업 사이의 관계는 미국과 그 밖의 지역에서 잘 확립되어 있지만 양자 사이의 교차는 불편할 때도 있다. 검열과 탄압은 흔히 진흥 및 지원과 나란히 진행된다. 하지만 풍자만화나 인기 TV 프로그램 등 어디에 초점을 맞추든지 학자들은 대중·시각 문화를 통해 지정학이 어떻게 재현되고 수행되는지에 주의를 기울여왔다. 공식·실용·대중 지정학 사이의 구분은 종종 모호하다. 예를 들어 미국 대통령이 외교 정책 이니셔티브를 트위터로 발표하기 시작하면 실용지정학과 대중지정학이 어디서 시작되고 어디서 끝나는지 선을 긋기 어려워지며 시민들이 대통령의 트윗에 어느 정도 직접적으로 영향을 받는지 확인하기도 간단하지 않은 문제다.

디지털미디어 덕분에 비정부기구, 기업체, 테러 집단, 자선기관, 대중운동과 시민들을 비롯하여 다른 행위자들은 지정학적 스펙트럼의 한 구간을 차지하고 자신만의 비디오와 기사를 생산, 유포할 수 있게 되었다. 복잡한 지정학적 상황이 스마트폰과 태블릿 장치에서 접근하기 쉽게 설계된 140/280글자와 짧은 비디오 영상, 눈길을 사로잡는 그래픽으로 이야기되고 전달될 수 있다. 대중지정학은 인터넷과 소셜미디어(사회관계망서비스)에 접근할 수 있는 누구에게나 참여와 접근이 훨씬 더 쉽다. 일정 범위 내에서 어느 누구나 자신만의 대중지정학을 드러내고 유통시킬 수 있다. 그리고 양심적·비양심적 행위자가 가짜 이용자와 가짜 뉴스를 만들어낼 기회는 넘쳐난다. 그것은 골치 아픈 수렁이다.

지정학적인 것은 대중문화 영역에서 드러난다. 대중문화가 지정학의 '실제' 비즈니스를 단순히 재현한다기보다는 양자 사이의 관계가 상호구성적(co-constitutive)이라고 생각하는 것이 더 생산적이다. 이를테면 이라크에서 활동중인 미군에 관한 영화(예를 들어 캐스린 비글로(Kathryn Bigelow)가 감독한 2009년 작 〈허트 로커The Hurt Locker〉)를 보고 영화가 그곳의 무력 분쟁에 대한 사실적인 초상을 제공하는지 묻는 대신 우리는 다른 종류의 질문을 던져야 한다. 그 액션스릴러 영화는 미국이 주도한 이라크 침공과 점령의 특정 프레이밍을 어떻게 강화하거나 흔드는가? 이런 예술적 개입은 핵심 행위자와 장소에 대한 대중적 이해를 구성하는 데 일조하는가? 그리고 그 개입은 영화에서 다루는 장소를 전혀 경험한 바 없는 관객들이 시청하고 관여할 때 더욱 유의미한가? 마지막으로 영화, 텔레비전, 소셜미디어, 비디오게임, 책 등 대중문화에서의 재현은 우리에게 지정학이 근본적으로 수행 기반임을 상기시키는가? 우리가 영화와 텔레비전에서 떠올리는 포괄적인 범주처럼 액션스릴러, 드라마, 호러, 재난, 로맨스, 판타지에 바탕을 둔 여러 종류의 지정학이 존재하는가? 2003년 5월 부시 대통령은 미 해군의 제트기를 타고 날아가 항공모함에 착륙한 뒤 이라크 해방 임무가 완료되었다고 선언했을 때 레이건시대 테크노스릴러(영화 〈탑건Top Gun〉)를 재현한 셈이었다.

이 장에서는 대중문화와 지정학 사이의 상호연관성을 강조한다. 대중문화가 단순히 지정학의 실제 세계를 비추는 창 역할을 한다기보다는 대중문화와 지정학은 떼려야 뗄 수 없는 것으로 간주된다. 따라서 나의 관심사는 무엇이 사실주의적이냐, 황당무계하냐가 아니다. 그보다는 대중지정학의 감각적 본질, 즉 이미지와 사운드의 정치와 힘에 초점을 맞추는 것이다. 특히 소셜미디어는 이미지와 이야기가 지정학의 논쟁적이고 감정 자극적인 특성을 증폭, 과장할 수 있음을 상기시킨다.

영화와 텔레비전 같은 대중매체는 지난 수십 년 동안 지정학적 문화 형성에 중요한 개입 요소로 평가되어왔다. 예를 들어 〈24〉와 〈더 와이어The wire〉 같은 TV 시리즈(〈아메리칸스Americans〉, 〈홈랜드Homeland〉, 〈배틀스타 갤럭티카Battlestar Galactica〉 같은 다른 작품도 추가할 수 있다)는 테러와의 전쟁과 냉전의 유산에 대한 대중의 이해를 구성하는 데 일조한 것으로 거론된다. 스칸디나비아에서는 이른바 '노르딕 누아르'가 고위층의 부패, 외교 정책 스캔들, 나토 및 러시아와의 지정학적 관계를 정면으로 조명하는 TV 드라마의 풍성한 사례를 제공한다. 노르웨이 TV 시리즈 〈점령당하다Okkupert〉(2015)는 노르웨이가 유럽연합을 대신한 러시아 군대에 점령당한 가상의 미래를 묘사한다. 필리핀에서는 TV 시리즈 〈아모Amo〉(2018)가 로드리고 두테르테 대통령 정부가 마약과의 전쟁을 어떤 식으로 수행하는지를 비타협적으로 파헤친다(그림 8).

중요한 것은 그런 대중지정학을 소비하는 사람들이 특정 미디어 산물에 상호텍스트적인 지식과 실천으로 영향을 줄 수 있는 능동적 주체라는 점이다. 예를 들어 〈점령당하다〉를

8. 미약과의 전쟁과 그것이 필리핀 마닐라 주민들에게 미치는 영향을 그리는 TV 드라마 〈아모〉

시청하는 노르웨이인들은 러시아 군대의 가상적 점령에 관해 영국 시청자들과 꽤 다르게 느낄 수도 있고 영국 시청자들은 그들대로 유럽연합의 기만성에 초점을 맞출 수도 있다. 미디어 연구자들은 수용자가 어떻게 의미를 구성하고 지정학과 안보에 대한 '통상적(common-sense)' 이해를 활용하는지 조명하기 위해 상호텍스트성 같은 용어를 사용한다. 특히 흥미로운 점은 제임스 데어 데리언(James Der Derian)이 군산미디어엔터테인먼트복합체(MIME-NET)라고 부른 실체의 고도의 상호침투와 상호작용을 고려할 때 과연 '실제'와 '허구'를 구분하는 것이 어느 정도까지 의미가 있겠는가다. 제임스 데어 데리언은 군사, 산업, 미디어, 엔터테인먼트 그 전부가 민간과 군, 실제와 시뮬레이션, 제작자와 소비자 사이의 경계를 갈수록 모호하게 하고 있다고 주장한다.

대중지정학과 미디어 문화

대중지정학에 대한 해퍼드 매킨더의 연구는 국가와 제국의 보다 공식적 구조인 정규교육과 시민성에 초점을 맞추었다. 해퍼드 매킨더에게 지도와 지구본 같은 사물은 19세기 후반과 20세기 초 영국에서 더 면밀히 탐구해볼 만했다. 물론 매킨더 시대에 대중매체는 훨씬 더 광범위하고, 참여적이며, 아날로그가 아니라 디지털인 오늘날의 대중매체와 비교할 때 상대적으로 걸음마 수준이었다. 전후 텔레비전 대량 보급부터 멀티미디어 환경, 스마트 테크놀로지, 그리고 이용자의 취향에 따라 텔레비전, 소셜미디어, 비디오 같은 미디어에 관여할 수 있는 시민 역량의 증대가 특징인 오늘날까지 대중커뮤니케이션과 미디어 문화는 급격하게 변모해왔다. 우리는 저마다 신문, 라디오, 텔레비전, 스마트폰, 비디오게임, 소셜미디어를 비롯한 다양한 미디어 사물 및 조직과의 상호작용, 접근성, 소유, 생산으로 형성되는 '미디어 서명(media signature)'을 갖고 있다.

내중문화는 창의적으로 다양하며, 지리적으로 분산되어 있고, 상업적으로 다채로우며, 본질상 정치적으로 다면적이다. 대중문화는 케이팝 음악, 할리우드 영화, 일본 애니메이션, 영국 신문, 오스트레일리아 패션 잡지, 남아프리카 광고, 이란 비디오게임 제작, 소비, 내용에 대한 논의도 포괄한다. 하지만 소셜미디어의 전 세계적인 이용은 또다른 시사적인 사례를 제공한다. 거의 20억 명의 사람이 페이스북을 정기적으로 이용하지만 이용자는 압도적으로 유럽과 아메리카 대륙, 아프리카와 오세아니아 일부 지역에 몰려 있다. 중국에서는 페이스북과 트위터가 차단되어 있으므로 네티즌은 큐존, 텐센트 QQ, 위챗 같은 다른 대중적 사회관계망서비스에 의존하며 러시아 이용자는 브콘탁테와 오드노클라스니키 등의 플랫폼을 이용한다. 러시아, 중국과 더불어 이란과 북한에서 정부 검열과 미디어기관 통제는 시민들이 서구의 미디어 소스와 디지털 플랫폼에 접근하는 것을 제약하며 그에 따라 정보와 문화의 흐름을 제한한다. 러시아와 이란은 각각 RT와 프레스TV라는 자국 국영방송사를 적극 지원하고 있다.

뉴스와 엔터테인먼트의 생산, 유통, 소비는 본디 균등하지 않고 불평등하다. 특정 행위주체와 공동체가 서로 다른 원천을 더 잘 생산하고 유통하고 거기에 접근할 수 있다. 예를 들어 공식 뉴스 생산의 관점에서는 CNN 인터내셔널, 타임워너, 폭스, BBC 같은 대형 방송사가 흔히 커다란 위상을 차지한다. 이들 방송사는 방송 내용과 스케줄을 결정하는 측면에서 매우 중요하다. 국가적·국제적 체제도 시청자 환경에 얼마간 통제력을 행사할 수 있고 실제로 행사하지만 말이다. 신문 보도, 텔레비전 방송, 인터넷 팟캐스트는 어떤 사람과 장소, 사건이 뉴스 가치가 있다고 판단되는지 결정하는 데 도움을 준다. 그런 선택은 그다음 희생자와 범행자, 착취자와 피착취자, 유명한 개인과 집단, 이름 없는 개인과 집단에 관한 이야기로 시청자의 반응에 영향을 준다. 이른바 시민 저널리즘의 기하급수적 확대와 스마트폰 기술(이메일과 트위터 기반 기능으로 무장한 영상 녹화 설비 포함)에도 불구하고 BBC 같은 미디어 생산자는 방송 내용이 면밀하게 검토되고 평가받는 측면에서 여전히 상당한 중요성을 부여받는다. 미디어 문화는 장소마다 매우 다르다.

하지만 구글, 페이스북, 아마존, 넷플릭스 같은 새로운 행위자는 복스, 살론, 트위터 같은 디지털 뉴스 공급자와 함께 전통 미디어 공급자에게 도전하며 변화를 가져오고 있다. 전 세계의 많은 시민은 20억 명의 이용자를 거느린 페이스북 같은 미디어 플랫폼이 제공하는 뉴스피드를 통해 뉴스에 접근하고 있다. 그리고 알고리듬이 뉴스피드를 생성한다고 할 때 우리는 그런 뉴스피드가 사람들이 뉴스를 접근하는 방식과 유형에 어떻게 영향을 미치는가라는 질문을 마땅히 던질 수 있다. 퓨리서치센터가 2017년에 수행한 한 조사에 따르면 미국인의 거의 70퍼센트가 소셜미디어를 이용하여 뉴스에 접근한다고 답했다. 조사 결과는 나이가 많고, 교육 수준이 낮으며, 비백인일수록 전적으로 소셜미디어를 통해서만 뉴스를 접할 가능성이 크다는 점을 시사했다. 대중지정학이 더 개인 '맞춤형'이 되어가고 덜 공통적이 되어간다면 지정학의 대중적 차원은 잠재적으로 더 분열적이라고 결론을 내릴 수 있을까? 나이가 많은 독자는 두말할 필요도 없이 많은 나라에서 남녀노소를 가리지 않고 소수의 신문과 TV, 라디오방송만 보고 들을 수 있었던 시절을 기억할 것이다. 당시에는 특정

TV 프로그램과 신문 기사에 관해 자신의 반응과 생각을 널리 알리고 피드백할 기회도 제한적이었다.

그러므로 소셜미디어와 전통미디어의 지정학적 권력은 뭔가를 널리 알린다는 점 자체에만 있는 것이 아니라 사건, 사람, 장소 등이 프레이밍되고, 선별되고, 관여되는 방식에도 존재한다. 또한 그것은 공영방송의 위상이 축소되고 이미지를 조작하고 개인 정보로 돈을 벌고 가짜 뉴스를 유포하여 뉴스와 정보를 약화하는 것이 가능한 시대에 정보 그 자체가 어떻게 공유되고 접근 가능한지와 관련하여 중요한 쟁점을 제기한다. 이미지 유통과 뉴스 배포는 정부와 사회운동 단체, 그 밖의 사람들에게 행동을 요구하는 자극제로 작용할 수도 있다. 시청자들은 친구들에게 전화하여 위로함으로써 반응하거나 신문사에 편지를 쓰고, 정부 부처에 이메일을 보내고, 비디오 이미지를 배포하고, 페이스북 캠페인을 벌이고 트위터에 글을 작성하기도 한다. 그러므로 장소와 사람들의 재현은 다른 방식으로 온갖 감정적 관여와 정치적 행동에 대한 요구를 촉발할 수 있고 또 촉발한다. 대중지정학은 무엇이 방송에 나오는지, 그리고 수용자가 시청각 자료를 어떻게 생산하고 유포하고 관여하는지를 다룬다(그림 9).

서아시아와 이슬람 세계의 많은 이에게 시리아 내전과 아랍의 봄, 이스라엘-이란 사이의 긴장관계 같은 사태는 공식

9. 남대서양 어센션섬에 있는 BBC 월드 서비스

미디어와 소셜미디어에 의해 갈수록 확대되고 생생하게 전해졌다(상자 7). 정부 전복, 학살과 화학무기 공격과 같은 만행의 폭로, 민족 분규와 같은 주요 사건에 대한 시민 저널리즘을 소셜미디어를 통해 목격하는 것을 상상하지 않기란 어렵다. 오히려 이런 종류의 이미지와 소리는 민간인에 대한 관념과 이해에 도전해왔는데, 이제 이들은 자신들의 요구를 갈수록 적극적으로 표명하려고 하며, 또 그렇게 할 수 있게 되었기 때문이다. 프랑스 철학자 자크 랑시에르(Jacques Rancière)는 그가 미학적 체제라고 부른 것을 포착하는데, 이런 체제는 어떤 종류의 이미지를 생산하고 유포할 수 있는지를 결정한다. 이란에서는 거리에서 춤을 추는 소녀들(일부는 머리에 히잡을 쓰지 않았다)을 찍은 동영상이 보수파 사이에서 정치적 공분을 불러일으켰다. 이런 정숙하지 못한 행위를 버젓이 드러내는 행동이 이란 이슬람 공화정을 무너뜨린다는 비난이 넘쳐났다. 서구에서는 평범한 일로 간주되는 행위가 이란에서는 체제 전복적 행위로 여겨지는 것이다.

할리우드와 냉전 '국가안보 영화'

문화사와 국제관계학, 정치지리학 연구자들은 영화의 제작과 배급이 국가안보 및 지정학과 관련된 관념과 담론을 포

상자 7 우리는 당신을 사랑합니다: 유튜브, 이스라엘, 이란

2012년 3월 이스라엘 평화활동가들은 유튜브에 많은 이스라엘 남성과 여성, 어린이가 등장하여 이란인들에게 자신들은 이란을 '미워하지' 않는다고 안심시키는 짤막한 동영상을 올렸다. 더욱이 그들 가운데 다수는 이란이 이스라엘에 실존적 위협이라는 이스라엘 정부의 주장에 적극적으로 반발하고 있음을 분명하게 밝혔다. 존 레넌의 〈이매진〉이 배경음악으로 흘러나오는 가운데 평범한 이스라엘인들이 이란에 가보거나 이란 사람을 한 명도 만나본 적 없을지라도 이란을 '사랑'한다고 말하는 동영상은 이 이웃 국가를 위협적이라고 규정하는 주류 지정학적 프레이밍에 도전하기 위한 것이었다. 이 동영상의 이란 시청자 수는 알려지지 않았지만 동영상 자체는 이란 내 핵 시설과 군사 시설에 대한 군사 공격 가능성에 반대하는 이스라엘 내 광범위한 반전운동의 일환이었다. 같은 시기에 '이스라엘은 이란을 사랑한다'라는 페이스북 캠페인도 벌어졌다.

이스라엘은 이란을 사랑한다는 소셜미디어 기획인 만큼 평화운동이다. 하지만 이스라엘이나 이란 정부와 아무 관련이 없는 공공외교의 실례이기도 하다. 이스라엘 그래픽 디자이너 로니 에드리(Ronny Edry)가 처음 페이스북에 "이란인들이여, 우리는 당신을 사랑합니다. 우리는 당신의 나라를 폭격하지 않을 것입니다"라는 글을 올리며 시작된 이 운동은 다른 캠페인 활동을 고무했고 '이란은 이스라엘을 사랑한다'라는 운동을 초래했다(마지드 나우루지(Majid Nowrouzi)가 주도했다). 또한 그런 주체적 활동은 제3자 사이의 만남과 흔히 가정생활을 비롯하여 일상의 삶을 묘사하는 비디오/사진 교환을 자극했다. 에드리와 나우루지는 나중에 미국에서 직접 만났으며 두 사람을 노벨평화상 후보로 올리려는 움직임도 있었다.

착하고 관여하는 방식을 탐구한다. 제도적 분석은 영화와 엔터테인먼트 산업이 미 국방부와 미군 같은 정부기관과 어떻게 협력하는지에 주목한다. 예를 들어 미 해군이 1986년 블록버스터 영화 〈탑건〉에서 자신들의 행위가 긍정적 관점에서 묘사된다고 생각하지 않았다면 왜 영화 제작을 지원했겠는가? 국가안보 재현에 더 관심이 있는 사람들은 흔히 줄거리의 흐름과 캐릭터 묘사, 장소, 대사에 초점을 맞추는 경향이 있다. 스타 연구 분야에서 작업하는 학자들에게 생산적인 또다른 연구방법은 존 웨인, 록 허드슨, 나중에는 클린트 이스트우드 같은 특정 배우가 흔히 미국의 안보를 지킬 임무를 띤 강한 남성 주연으로 캐스팅되는 경향(예를 들어 〈제브라 작전Ice Station Zebra〉(1968)에서의 록 허드슨, 〈파이어폭스Firefox〉(1982)에서의 클린트 이스트우드) 또는 미국 개척지대의 폭력과 폭력적 경험의 재현(예를 들어 〈수색자The Searchers〉(1956)에서의 존 웨인)에 관해 사유하는 것이다. 일단 그에 관해 사유하면 그런 영화에서 여성, 유색인, 아동과 그 밖의 사람들은 어떤 역할을 하는지도 마땅히 질문해볼 만하다. 특정 배우/캐릭터는 불굴의 투지와 지도력, 힘을 과시함으로써 미국에 대한 지배적인 지정학적 상상을 적극적으로 체현하는가?

미국의 전쟁 체험은 제한적이므로 할리우드는 미국이 직면한 위협을 굉장히 상상력이 풍부한 방식으로 묘사하는 한편, 관객들에게 미국이 구현하는 가치와 관행에 관해 교훈을 주는 '국가안보 영화'라는 꼬리표가 붙은 영화를 양산했다. '국가안보 영화'에 등장하는 위협 목록은 길며 여기에는 소련과 그 밖의 공산주의 세력, 나치, 테러리스트, 외계 존재, 유성, 제어 불가능한 자연의 위력과 기계 등이 포함된다. 미국 안팎에서 할리우드 작품의 광범위한 인기를 고려할 때 영화가 세계에서 미국의 위상과 의의에 대한 미국의 자아상에 기여해 왔다고 여겨지는 것은 당연하다. 적을 무찌르는 것은 영중주의, 군사적 우월성, 리더십, 미합중국에 대한 충성의 담론과 관행을 강화한다.

냉전기 동안 대다수의 미국인은 소련 시민을 접하거나 소련에 가보지 않았다. 중국과 미국이 인정하지 않았던 다른 체제도 마찬가지였다. 그 나라를 방문한 극소수의 미국인은 대체로 군대와 재계, 예술계, 스포츠 분야의 일원이었을 테고, 물론 스파이도 빼놓을 수 없다. 대다수의 미국인에게 1946년 유럽 전역에 '철의 장막'이 쳐졌다는 처칠의 묘사는 더할 나위 없이 타당해 보였고 이는 중유럽·동유럽 양편에 자리한 많은 유럽인에게도 마찬가지였다. 영화, 라디오, 그리고 이후의 TV 영상은 나라 안팎의 공산주의가 제기하는 위협과 소련에 대한 미국인들의 인상을 형성하는 데 결정적 역할을 했다. 그것은 미국의 자아정체성, 즉 자유의 땅, 민주주의의 횃

불, 그리고 트루먼 대통령이 1947년에 묘사한 자유로운 '생활방식'의 나라라는 자의식을 대체로 공고히 하는 데도 이바지했다.

영화사가들은 미국의 냉전 영화들이 1940년대와 1950년대에 가장 중요한 위상을 차지했다고 주장한다. 가정에 아직 텔레비전이 대량으로 보급되지 않았던 시대에 사람들은 영화만이 아니라 주요 상영작과 함께 상영하는 다큐멘터리와 뉴스 영상을 보기 위해 영화관으로 몰려들었다. 이런 영화들이 한층 의미심장한 이유는 할리우드영화 제작사들이 국무부와 국방부, CIA 같은 다양한 정부기관과 긴밀하게 엮여 있었기 때문이다. 1948년 펜타곤은 국방부 공보 차관보 산하에 특별 연락사무소를 설치했다. 연락사무소는 줄거리를 구성하고 미군의 장비나 인력을 이용하기를 원하는 영화 프로덕션에 국방부의 지원 여부를 결정하는 데 극히 중요했다. 〈지상 최대의 작전The Longest Day〉(1961) 같은 영화는 펜타곤의 지원을 받았다. 하지만 당시 일부 미군 관계자는 베를린에서의 위기가 고조됨에 따라 영화 촬영 현장에서 철수해야 했는데, 이 위기는 결국 1989년 11월까지 베를린을 동서로 분리한 장벽 건설로 이어졌다.

펜타곤은 프랭크 캐프라(Frank Capra) 같은 제작자와 긴밀하게 협력했고 프랭크 캐프라의 〈우리는 왜 싸우는가Why We

Fight〉 시리즈에 자문과 장비, 인력을 제공했다. 〈우리는 왜 싸우는가〉는 미국의 모든 남녀 군인이 필수적으로 보아야 할 영화였다. 이 시리즈는 군사적·공적 여론을 형성하는 데 미 당국자들이 시각매체에 부여한 중요성을 특히 부각했다. 소련이 제기하는 것으로 보이는 어마어마한 위협을 감안하면 미국 공보처와 CIA 같은 기관이 소련이 제기하는 위험에 관해 미국 시민을 교육하고 미국 바깥의 다른 사람들에게도 알리는 조직적인 작업에서 영화를 없어서는 안 될 요소로 생각한 것도 놀랄 일은 아니었다. CIA는 1954년에 개봉한 애니메이션 영화 〈동물 농장Animal Farm〉 제작에 비밀리에 자금을 제공했는데, 1917년 러시아혁명의 실현되지 못한 약속에 대한 우의적 암시를 생각할 때 조지 오웰의 그 작품이 매우 시의적절하다고 여겼기 때문이다.

1940년대와 1950년대에 할리우드영화 제작사들이 소련과 보다 일반적으로는 공산주의가 미국식 생활방식에 위험을 제기한다고 설득당하기 위해서는 굳이 정부의 자금 지원이나 간섭이 필요하지 않았다. 당시 미국과 소련은 베를린과 한반도의 미래를 둘러싸고 충돌했다. 1949년 소련은 스파이 클라우스 푹스(Klaus Fuchs)의 사주와 도움 덕분에 핵 보유국이 되었다. 〈내 아들 존My Son John〉(1952)과 〈붉은 행성 화성Red Planet Mars〉(1952), 〈괴물The Thing〉(1951) 같은 영화는 이 불확실한 시기에 미국 대중이 마주한 위협과 위험을 서로 연결한다. 〈내 아들 존〉은 젊은이들의 도덕적 잣대를 무너뜨리는 공산주의의 힘을 부각하며 두번째와 세번째 영화는 외계인이 조국의 안보에 제기하는 위험에 초점을 맞추었다. 종합해보면 이 영화들은 한시도 경계를 늦추어서는 안 되며 공산주의를 둘러싼 위험한 이상주의를 막아야 한다고 암시하는 듯하다.

윌리엄 버클리, 빌리 그레이엄, 존 포스터 덜레스 같은 미국의 정계와 종교계 인사들도 소련과 적색 위협(Red Menace)을 파헤치는 이 폭발력 있는 논의에 힘을 보탰다. 특히 빌리 그레이엄은 신을 믿지 않는 소련과 기독교 미국 사이의 심오한 차이점을 역설했다. 앞에서 설명한 것과 같은 극도로 보수적인 영화들의 대중적 의의를 한층 공고히 한 것은 1940년대 말과 1950년대 초에 비(非)미활동위원회(House Un-American Activties Committees, HUAC)가 전개한 정치적 공격이었다. 위원회는 1947년에 청문회를 열어 영화산업에 종사하는 제작자, 각본가, 배우로 구성된 '우호적 증인들'의 진술을 들었다. 총 41명이 위원회에 불려나와 공개 진술했고 그 밖의 영화계 관계자 다수가 좌파적 견해를 갖고 있다는 혐의를 받았다.

이후로 위원회는 이른바 '할리우드 텐(Hollywood 10)', 다시 말해 어떤 질문에도 답변을 거부하며 위원회의 심문이 언론 및 표현의 자유와 관련된 헌법상의 보호에 위배된다고 주장한 열 명에 총력을 기울였다. 위원회는 그들의 입장에 동의하지 않았고 증언을 거부한 열 명은 오로지 생각이 다르다는 이유로 투옥되었다. FBI, 가톨릭미풍양속연맹, 미국재향군인회의 도움을 받아 할리우드 종사자 가운데 불온한 과거사가 있다고 판단되는 사람들에 관한 정보를 담은 명단 '붉은 채널'이 작성되었다. 위원회에 나와 자신의 무고함을 확인시킨 사람들과 달리 이 명단에 적힌 사람들은 블랙리스트에 올라 실질적으로 작가나 배우, 제작자로서 일을 얻을 수 없었다. 찰리 채플린과 오슨 웰스를 비롯하여 300명 이상이 의심스러운 전력이 있다고 분류되었다. 이 블랙리스트가 할리우드에 미친 충격은 작지 않았고 이는 당연히 미국과 그 적들 사이의 정치-종교적 대결인 냉전에 압도적으로 보수적인 시각과 어긋나는 문화를 장려하지 않았다.

물론 그렇다고 해서 모든 영화 제작자, 평론가, 관객이 적색 위협의 지정학적 재현을 무비판적으로 수용했다는 말은 아니다. 일부 제작자는 SF와 외계인에 대한 불안을 이용하여 냉전의 시대정신에 급진적으로 다른 해석을 모색했다. 잭 아널드의 〈아웃 스페이스It Came from Outer Space〉(1953)에서는 한 무리의 외계인이 지구를 방문하여 이방인과 미지의 존재에 대한 미국의 공포를 비판했다. 소도시적인 미국은 이방인을 마주하여 편협하고 외국인 공포증에 사로잡힌 나라로 묘사되었다. 동명의 소설을 각색한 스탠리 크레이머의 〈해변에서On the Beach〉(1959, 국내에서는 '그날이 오면'이라는 제목으로 소개되었다—옮긴이)는 핵으로 인한 인류 전멸의 공포를 묘사하고 핵 대결의 전략적 논리에 의문을 제기했다. 정부의 비난에도 아랑곳없이 〈해변에서〉는 그해 최고의 흥행 영화 가운데 한 편이 되었다. 스탠리 크레이머의 또다른 작품 〈하이 눈High Noon〉(1952)은 한 서부 보안관(게리 쿠퍼가 연기한 윌 케인)에 대한 이야기인데, 과거에 보안관에게 체포되어 복수를 벼르고 있던 불한당들이 풀려나 그의 목숨을 위협하는데도 주민들은 도움을 주기를 거절한다. 할리우드 내부 일부 사람은 이 영화가 비미활동위원회와 위원회의 블랙리스트 활동에 공모한 영화산업계 일원들에 대한 풍자임을 금방 알아차릴 수 있었다.

1940년대 후반에서 1960년 사이에 영화산업계는 4000편이 넘는 영화를 제작했는데, 전쟁에 대한 미국의 인식이나 소련과 공산주의 위협의 지정학적 재현에 관해 진정으로 비판적인 시선을 담은 작품은 극소수에 불과했다. 비미활동위원회 청문회와 이후 상원의원 조지프 매카시(Joseph McCarthy)가 주도한 조사활동에 고무된 할리우드는 신이 없는 소련과 그들의 외계 공범들의 유혹에 넘어가기를 거부하며 신을 두려워하고 자유를 사랑하는 사람들의 나라라는 미국에 대한 암묵적 이해를 무너뜨리기보다는 재생산하는 영화를 제작하는 것이 더 쉬웠다.

텔레비전 그리고 마약과 테러와의 전쟁: 시리즈물의 경우

텔레비전은 아마도 테러와의 전쟁에 관한 정보를 전달하고 테러와의 전쟁에 관여하는 가장 중요하고 대중적인 매체일 것이다. 그동안 할리우드와 그 밖의 영화 문화권으로부터 테러와의 전쟁에 관한 영화가 많이 쏟아져나왔지만 〈24〉, 〈더 와이어〉, 〈홈랜드〉, 〈배틀스타 갤럭티카〉 같은 미국 TV 기반의 시리즈는 테러리즘, 전쟁, 본토안보, 고문 등의 소재를 다룸으로써 대중과 평단 양측으로부터 찬사를 받았다. 더 길고 촘촘하게 짜인 플롯의 시리즈물은 복잡한 줄거리, 다수의 현지 촬영, 지정학적 멜로드라마, 장소에 대한 묘사를 발전시키고 탐구하는 데 이용되어왔다(상자 8).

시리즈물의 가장 강력한 효과 가운데 하나는 내부적인 것과 외부적인 것이 결합하여 일상적인 대중지정학의 독특한 형식이 어떻게 만들어지는지 탐구하는 것이다. 가장 주목할 만한 예는 이른바 마약과의 전쟁을 다룬 여러 TV 시리즈다. 1970년대 초 리처드 닉슨 대통령이 처음 선포한 마약과의 전

상자 8 깃발을 휘날리며 : 할리우드, 9/11, 테러와의 전쟁

9/11이 일어난 뒤 미국 언론은 조지 W. 부시 행정부 대표들과 영화·연예 산업 관계자들의 만남을 보도했다. 대통령 자문 칼 로브(Karl Rove)와 미국영화협회장 잭 밸런티(Jack Valenti)가 앞장선 2001년 11월 이 만남의 취지는 대중문화가 국토안보를 증진하고 테러와의 전쟁 선포를 설명하는 데 어떤 역할을 할 수 있을지 모색하는 것이었다. 행정부는 엔터테인먼트 산업에 대통령을 '미화'하는 영화와 TV 프로그램 제작을 요청했다는 주장을 부인하면서도 대중매체가 '유익한 정보'와 '지원'을 제공할 수 있는 방안을 모색하는 데 관심을 보였다.

그 결과 2001년부터 2009년 사이에(다시 말해 부시 대통령 재임 기간 동안) 대중문화가 테러와의 전쟁 구축과 확산에 어떻게 기여하는지를 탐구하는 데 상당한 관심이 존재했다. 카툰, 텔레비전 프로그램, 영화, 소설, 음악, 자동차 번호판, 기념품을 비롯한 그 밖의 문화 산물이 조사 대상이 되었다. 비평가들은 주류 미디어와 엔터테인먼트 산업 내부에 다양한 사물과 이미지를 통해 하나의 프레이밍을 재생산하는 경향이 있었다고 파악했는데, 이는 아프가니스탄과 이라크에서 미군의 활동을 지지하고, 9/11 공격에 연방정부가 어떤 식으로든 잘못한 것이 없으며, 미국이 테러리스트와 테러리즘에 맞서 지구적인 싸움을 벌이고 있다는 시각을 뒷받침하는 프레이밍이다. 한마디로 그런 문화 산물은 미국의 역할과 특히 그 군사력을 추켜세우면서 공격적 형태의 미국 내셔널리즘과 지정학을 유지하고 거기에 기여했다고 주장한다.

쟁에는 수십 억 달러가 들어갔고 미국과 멕시코 국경 양쪽에서 수많은 사람이 희생되었다. 예를 들어 2017년 드라마 〈엘 차포El Chapo〉는 마약 거래에 멕시코 국가와 마약 카르텔 내외부에서 일련의 타협과 양보가 개입되는 방식과 미국 기관이 국경을 넘나드는 마약 거래를 조종하고, 공작을 벌이고, 그로부터 이익을 얻는 방식을 다룬다. 〈엘 차포〉의 허구적/팩션적(사실과 허구가 뒤섞인—옮긴이) 세계에서 가난한 농부, 운송 노동자, 불법 이민자, 마약 거래상이 되도록 내몰린 취약한 사람 등 보통 사람은 얽히고설킨 관계의 그물에 걸린 존재로 묘사된다.

이런 드라마 시리즈 나수는 굉장히 논쟁적이기도 했다. 여러 상을 수상한 시리즈 〈24〉는 훌륭한 예다. 그 리얼타임(real-time, 극중 흐르는 시간과 방영시간이 일치한다는 뜻—옮긴이) 시리즈 드라마는 여덟 시즌에 걸쳐(2001년부터 2010년까지 방영되었다) 저명인사와 가족, 미국 내 전 도시의 안전을 지키려는 대테러 요원 잭 바워의 활약상과 노력을 좇는다. 시리즈는 2001년 11월에 처음 방영되어 수백만 명에 달하는 시청자를 확보했다. 매 회 1시간 동안 벌어지는 일만 그리며 드라마의 테마음악과도 같은 째깍거리는 시계 초침소리는 시청자들에게 대테러 요원들이 맞닥뜨린 실시간 압박을 상기시키기 위한 것이었다.

시리즈 내내 매우 논쟁적이었던 부분은 고문과 극단적인 심문 기법과 같은 비상한 수단을 썼다는 점이었다. 잭 바워의 활동 양식은 당시 적잖은 공적 논의를 불러일으켰고 작품이 테러리즘을 둘러싼 불안감과 9/11 같은 규모의 공격이 재발할 가능성이 있다는 공포에 직면하여 비상한(그리고 실제로 초법적인) 무력 사용을 옹호하고 있다는 우려로 이어졌다. 비판가들이 보기에 〈24〉 시리즈 제작자들은 미국이 '제2의 9/11'을 당하지 않도록 비상한 조치를 요청하면서 미국 정부의 담론과 관행에 공모하고 있었다. 9/11 이후 군사와 정보 기관 당국자들이 잭 바워가 출처인 듯한 유사한 수법을 이용하고 있었다는 사실이 분명해졌다. FBI와 CIA가 테러와의 전쟁을 묘사하는 데 엔터테인먼트 산업계에 자문과 지원을 제공하는 등 적극적으로 개입하고 있음을 보여주는 증거가 여기저기서 드러나면서 이 드라마는 한층 논쟁의 중심이 되었다. 할리우드의 CIA 대표 체이스 브랜던은 〈24〉 대본의 자문이었다고 알려져 있었다.

하지만 〈24〉에는 대중지정학에 적실한 또다른 요소가 있다. 즉 어떤 종류의 사람과 장소가 위협적이거나 위험하다고 묘사되는지, 또 그에 의거하여 어떤 종류의 사람과 장소가 보호하고 구할 가치가 있다고 여겨지는가다. 액션스릴러 장르로서의 특징을 갖춘 〈24〉는 튀르키예 테러리스트와 레바논,

러시아, 세르비아 범행 주동자들 외에도 원자로, 쇼핑몰, 직장, 고속도로, 공항, 로스앤젤레스의 교외 지구를 대상으로 테러 공격을 감행하려고 작정한 듯 보이는 사람들에 이르기까지 다양한 테러리스트가 등장하는 극적 내러티브를 투사하는 데 이상적인 매체였다. 잭 바워의 종횡무진 활약상에서 얻을 만한 교훈 하나는 테러 장소와 공간은 말 그대로 도처에 있고 테러리스트의 공격에 취약하지 않은 공적 생활의 영역은 거의 없다는 것이다. 이는 국토안보 테러 경보 시스템을 도입하면서 미국 시민들에게 어디서나 경계를 늦추지 않아야 한다고 경고한 부시 행정부의 고위 관리들도 놓치지 않은 요점이다. 부시 대통령이 2002년 1월에 미국인들에게 경고한 대로다. "하마스, 헤즈볼라, 이슬람 지하드, 자이시-이-무함마드 같은 집단을 포함한 지하세계 테러리스트는 머나먼 정글과 사막에서 활동하고 있으며, 대도시 중심부에 숨어 있다…… 그럼에도 불구하고 일부 정부는 테러에 직면하여 소심하게 대처할 것이다. 그러나 착각하지 말자. 이것만은 분명히 하자. 그들이 행동하지 않는다면 미국이 행동할 것이다."

〈24〉는 만연하고 가차 없는 대테러 활동의 필요성에 대한 신보수주의적 옹호라고 간주되는 한편, 테러와의 전쟁에 대한 공적 비판에도 영향을 주었다. 경찰, 범죄자, 시 당국자, 그리고 가난에 시달리며 재정적으로 불안정한 볼티모어의 다른 사람들의 경험을 바탕으로 한 〈더 와이어〉(2002~2009)와 같은 다른 TV 드라마는 마약과의 전쟁, 테러와의 전쟁, 그리고 치안 유지 활동이 어떻게 서로에게 영향을 미치는지에 대한 다른 시각을 제공한 것으로 평가받는다. 시리즈 제목 〈더 와이어〉는 작품의 중심적 장치를 말하는데, 이는 전자 감시 업무에 없어서는 안 될 사물에 초점을 맞추는 것이었다. 주요 마약 거래 가문을 기소하지 못해 답답한 볼티모어 경찰은 도시의 마약경제를 교란하기 위해 폭력을 비롯한 예외적인 수단과 감시에 의존한다. 테러보다는 마약이 주요 관심사지만 그럼에도 불구하고 이 시리즈는 미국 도시가 신자유주의적 구조 조정과 안보 정치를 비롯한 지정학적 문제의 더 폭넓은 맥락 속에 어떻게 엮여 있는지를 고려한다.

〔작품은〕 볼티모어를 배경으로 하지만 이 다인종 도시가 직면한 정치적·경제적·문화적 도전은 미국 북동부에만 국한되지 않으며 세계 다른 지역들의 운명과도 연결되어 있다. 마약 밀수의 지구적 흐름(바크스데일가(家)에게 마약을 공급하는 국제 범죄 조직은 '그리스인(The Greek)'으로 알려져 있다)과 기업/금융 투자는 공교육과 미디어, 지방정부를 비롯하여 도시의 물리적 기반 시설과 현지 주민들에게 깊은 흔적을 남겨왔다. 〈더 와이어〉는 마약과의 전쟁이 테러와의 전쟁과 마찬가지로 추상적 구호에 그치지 않고 사람과 장소를 하나로 연결

하는 일련의 관계를 가리킨다고 암시한다. 특히 시즌 5에서는 경찰과 법 집행기관이 현지 주민들의 저항에 부딪히고 언론 보도에 의해 프레임이 규정된 채 마약과의 전쟁을 수행해 나가는 방식을 탐구한다. 드라마는 급습과 감시 체제가 결국 현지 지역사회를 소외시키고 마약 거래를 규제하거나 심지어 근절하려는 시도에 주민들의 지지를 이끌어내기 어렵게 만들 것이라고 주장하면서 마약 거래와 관련하여 치안 주도의 특정 전략이 가져온 충격에 관해 특히 예리한 시각을 보여준다. 일부 주민은 이런 반(反)마약 전략에 다른 사람들보다 더 크게 영향을 받으며 특히 가난한 아프리카계 미국인 공동체는 마약과의 전쟁의 사각지대에 있는 것으로 그려진다. 또한 반마약 캠페인을 수행할 책임이 있는 사람들은 정책이 역효과를 낳고 부패와 파멸, 환멸을 가져오는 것으로 묘사된다. 〈24〉와 달리 〈더 와이어〉는 예외 상태에 대한 강력한 비판이다(상자 9). 드라마는 국가가 어떤 사물이나 활동에 대해 전쟁을 선포할 때 어떤 일이 벌어질 수 있는지를 보여주는 교훈극이다. 그것은 지정학적 시선을 외부의 타인이 아니라 감시와 습격, 폭력이 매일 초래하는 국지적이고 일상적이지만 강력한 결과로 돌린다. 지정학의 주요 현장은 거리, 학교, 부두, 경찰서다. 서로를 피하려고 애쓰는 거래상과 수사관들도 마찬가지다.

상자 9 예외 상태와 예외 국가

예외 상태는 많은 관심을 끌어왔고 카를 슈미트 같은 저자는 1920년대와 1930년대에 법, 정치, 주권, 비상사태 사이의 관계를 탐구했다. 예외적인 것에 대한 슈미트의 관심은 주권자를 강력하게 만드는 것은 '정상적인' 것에 대한 규제가 아니라 '예외적인' 것의 시행이라는 믿음에 입각했다. 예를 들어 비상사태를 선언하거나 계엄령을 시행함으로써 주권자나 정부는 무엇이 허용되고 무엇이 허용되지 않는지를 정의하는 측면에서 자신의 권력을 드러낸다. 〈비상계엄〉(1998)과 〈에너미 오브 더 스테이트〉(1998) 같은 영화는 9/11 이전을 배경으로 법과 치안의 정상적인 제약을 받지 않는 예외적 권력의 필요성을 주장하기 위해 '비상사태'가 어떻게 쓰일 수 있는지를 엿볼 수 있게 해준다.

조르조 아감벤(Giorgio Agamben) 같은 보다 최근의 저자들은 '예외 상태'가 실제로 그렇게 예외적인지 의문을 제기한다. 다시 말해 현대 정부가 주장하는 것처럼 국가는 본성상 종종 예외적이며 도전, 특히 안보 도전이라고 규정되는 것을 다루기 위해 법의 지배를 유예하는 권한을 포함하고 있다고 암시하는 증거가 있는가? 국가가 예외 상태 자체를 정상화함에 따라 그 결과 법과 예외 사이 경계는 갈수록 모호해진다. 테러와의 전쟁에 대한 비판가들은 용의자 인도, 드론 공격, 표적 암살, 대중 감시와 기타 등등의 관행이 바로 이 예외성을 드러내며 갈수록 새로운 법이나 비밀공작에 의존하는 것은 이런 예외적인 관행을 우회하거나 정당화하기 위한 것이라고 주장한다. 게다가 요즘은 다름 아닌 시민들이 서로를 염탐하고 '수상쩍은 행동' 가능성을 보고함으로써 예외성에 대한 이 같은 호소를 지속하는 데 일조하도록 요청받고 있다. 영화 〈더 서클〉(2017)은 감시가 소셜미디어 회사 내부와 그 직원들 사이에서 어떻게 정상화되는지를 다룬다.

〈더 와이어〉는 폭력의 정당성과 효능을 고려하고 국가 승인 폭력이 과연 갱단과 범죄자들의 폭력보다 덜 예외적이고 불온한 것인지 숙고하도록 요청한다. 경찰과 마약 가문은 유사한 집단, 즉 위계적이고 규칙에 기반하며 비합리적이고 예측을 불허하는 행위를 할 수 있는 집단으로 그려진다.

양측에는 '하찮은 절대자(petty sovereign)'가 넘쳐나는데, 이들은 때로 도저히 설명이 불가능하고 제어되지 않는 방식으로, 다시 말해 주디스 버틀러(Judith Butler)의 표현으로는 비상한(extraordinary) 방식으로 행동할 수 있는 (압도적으로) 남자들이다. 안보 위험 부담으로서 제기될 때 마약과 테러는 '어두운 면을 조종하고' '인정사정없이 행동하며' '음지에서' 활동하기를 선호하는 등 공통점이 많다. 결국 감시는 9/11 이후의 지정학을 깔끔하게 압축한다. 예측하고 대응하고 염탐하면서(그리고 시민들에게 국가가 국토안보를 지속적으로 모니터링하고 있음을 상기시키면서) 말이다. 국토안보는 다양한 색조를 띨 수 있고 실제로도 띤다(그림 10).

인터넷과 대중지정학 2.0

1980년대 이후 인터넷의 성장과 발전은 사회적 상호작용을 촉진하고 지리적 거리를 좁히는 것으로 널리 옹호되어왔

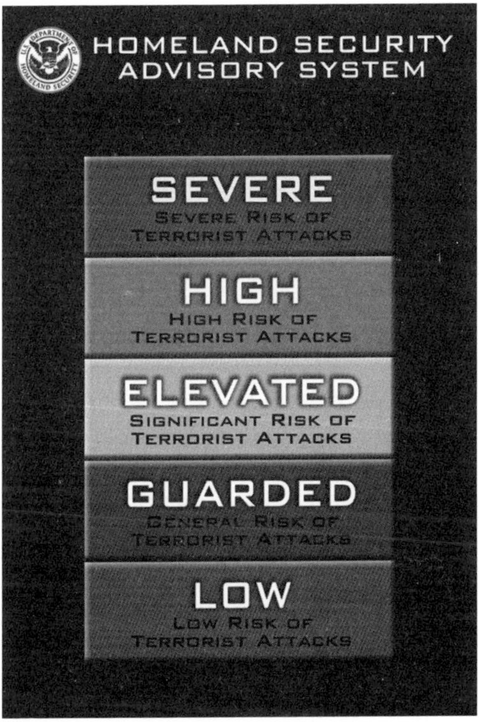

10. 미국 국토안보를 위해 개발된 색상 표시 위협 수준 경보 시스템: 심각(빨간색), 높음(오렌지색), 격상(노란색), 조심(파란색), 낮음(초록색)

다. 미국은 지금까지도 세계 최대의 인터넷 이용자 공동체이며 가장 중요한 정보 생산자다. 북아메리카와 유럽, 동아시아, 사하라 이남 아프리카와 서아시아 사이의 디지털 격차는 빠르게 좁혀지고 있다. 그리고 20년 만에 더 참여적인 소셜미디어 형태가 발전하여 시민, 기업, 국가, 그 밖의 당사자가 자신만의 지정학 콘텐츠를 생산하고 소비할 수 있게 되었다.

사용자들은 구글 같은 강력한 검색 엔진을 이용하여 단 몇 초 만에 이미지와 이야기에 접근하고 내려받을 수 있으며, 선동적이고 불쾌감을 주는 내용이 인터넷에 공개되고 있다는 우려에서부터 사람들이 가상방식으로 새로운 공동체와 소셜 네트워크(사회관계망)에 접근할 수 있는 것에 이르기까지 긍정적이고 부정적인 다양한 결과가 뒤따른다. 이는 분명히 지구적 테러 네트워크와 네오나치 단체를 비롯하여 온갖 활동이 번성하도록 만들었다. 알카에다는 자금을 모으고, 대원들에게 암호 메시지를 보내고, 지도자들의 연설 동영상을 공개하고, 세계 전역에 자신의 활동을 홍보하는 데 인터넷을 이용했다. 국가 정부는 무척 답답한 노릇이겠지만 웹사이트는 폐쇄되었다가도 다른 도메인 주소로 금방 다시 나타날 수 있기 때문에 인터넷은 순찰하고 단속하기가 매우 어렵다.

인터넷은 반지구화 운동에 중요한 매체를 제공해왔다. 인터넷 덕분에 운동 세력은 지배적인 정치경제 질서와 관련된 제도, 국가, 기업의 물리력에 도전하는 동시에 그 지배적인 구조물의 특정한 시각적·텍스트적 재현에 이의를 제기할 수 있었다. 전자의 경우 반지구화 운동은 보통 WTO나 IMF, G8 회담이 열리는 도시에서 전 세계적인 행동의 날을 조직하고 홍보한다. 그보다 더 넓은 차원에서 인터넷은 피플스 글로벌 액션(People's Global Action)과 세계사회포럼 같은 소셜 네트워크의 성장과 발전을 촉진했는데, 두 네트워크 모두 전 세계의 활동가들이 힘을 합쳐 신자유주의의 대안, 남아프리카 상수도 민영화, 멕시코의 토지 소유권, 라틴아메리카의 외채 상환이 가져오는 충격과 같은 지역적 쟁점에 해법을 모색할 수 있게 해준다.

그러므로 인터넷은 신자유주의에 저항하는 개인과 집단이 과거보다 몇 배나 빠르게 경험을 공유하고, 활동을 계획하고, 날짜를 교환하고, 향후 행사를 널리 알릴 수 있게 해준다. 1999년 11월과 12월 시애틀에서 WTO 회의가 열리는 동안 조직된 시위는 이른바 e-동원, e-항의와 동시에 일어났다. 논평과 이미지를 유포하는 능력 역시 이런 집단이 자신의 시각을 적극적으로 알리고 잠재적으로 뉴스 의제를 형성하는 데 중요하다. 물론 많은 활동가는 여전히 주류 미디어가 신자유주의적 세계경제와 WTO같이 그에 복무하는 기관이나 G8 같은 강대국 집단에 대한 자신들의 항의와 급진적 개혁 요구를 주변화한다고 불만을 토로한다(상자 10).

인터넷과 그 밖의 미디어가 증진하는 또다른 활동 영역은 지구적인 정치-경제 질서의 지배적 재현에 반발하는 것이다. 반지구화 운동 단체의 의견에 따르면 G8와 WTO 정상회의를 보도하는 텔레비전 방송은 신자유주의 지정학에 도전하기보다는 오히려 강화하는 경향이 있다. 미디어의 초점은 항의 시위자들보다는 각국 정상과 대표단에 집중되며 시위자들은 훼방꾼이나 9/11 이후로는 갈수록 제지할 필요가 있는 보안 문제처럼 그려진다. 미디어 소유권이 뉴스 인터내셔널 같은 대기업의 수중에 점차 집중됨에 따라 이런 보도 경향은 줄어들기보다는 늘어날 듯하다. 미국, 일본과 같은 경제 대국의 경우처럼 정치경제적 현상 유지를 지지하는 경향이 존재하며 현상 유지에는 사람·투자·무역 흐름과 영토 사이의 상호작용을 규제하는 데 도움이 되는 정치적 구조물도 포함된다.

웹사이트와 소셜미디어는 대안적 뉴스 원천(예를 들어 indymeida.org.uk)을 제공하며 가장 부유한 10퍼센트가 전 세계 소득의 90퍼센트를 소유한 불평등한 세계에 대한 퍽 다른 상(像)을 전달하는 데 수시로 이용된다. 이 사이트는 세계 곳곳의 활동가들에게 전 세계 행동의 날에 관한 이미지와 뉴스거리를 올리고 무역, 투자, 외채 같은 글로벌 프로세스(전 지

상자 10 글로벌 금융 폭로

2017년에 누설된 '파라다이스 페이퍼스(Paradise Papers)'는 세계 각지의 수십만 고소득 개인과 기업체의 광범위한 역외 투자를 폭로했다. 개인과 기업 과세 회피에 열성적인 파라다이스 페이퍼스는 국가 정부로부터 돈을 은닉하는 데 역외 금융센터들이 수행하는 핵심 역할을 인정한다. 대기업들의 현금 보유고는 해외에 유지되며, 글로벌 금융 규제는 불완전하고 허점이 많아 모든 국가의 과세 표준을 축소하는 것으로 드러났다. 이 자료 유출보다 앞선 2015년의 '파나마 페이퍼스(Panama Papers)'의 폭로는 조세 회피 및 국제적 제재 우회와 관련한 전문가적 조언을 제공하는 데 금융과 법률 서비스의 중요성을 부각했다. 이 같은 폭로에서 얻을 수 있는 교훈은 수백만 장의 문서를 읽고 분석하는 데 탐사 저널리즘이 극히 중요하다는 사실과 국제적 금융의 복잡한 지리는 '5분 독서'로 쉽게 압축될 수 없다는 사실일 것이다.

구적인 경제과정)가 현지와 지리적으로 연결되어 있음을 보여주는 아이템을 올리라고 장려한다. 멕시코 사파티스타운동과 그 지도부는 일찍이 1990년대에 인터넷과 대안 미디어가 멕시코 국가와 국제금융시장, 지배적인 지구적 경제 질서에 저항하는 투쟁에 핵심적 요소임을 인식하고 그에 대한 투자를 선도해왔다. 남부 멕시코의 인터넷 연결성이 매우 떨어졌다는 사실을 생각하면 이들의 인터넷 활용은 한층 더 놀라운 일이었다. 신자유주의에 맞서 반격을 개시한 지 2년 만에 사파티스타는 인터넷과 이메일을 이용하여 1996년과 1997년에 전 대륙적 및 대륙 사이의 모임을 잇따라 조직했다. 미국 영화감독 올리버 스톤(Oliver Stone)을 비롯하여 수천 명이 모임에 참석하여 서로 정보를 교환했다. 사파티스타의 카리스마 넘치는 지도자(마르코스 부대장으로도 알려진 라파엘 세바스티안 기옌 비센테(Rafael Sebastían Guillén Vicente))는 인터넷을 이용하여 자신들의 대의(토지 박탈, 경제적 주변화, 인종차별)를 적극 알리고 멕시코와 라틴아메리카는 물론 그 너머까지 새로운 연대의 네트워크를 장려했다. 인터넷은 사파티스타가 투쟁을 이어갈 수 있는 포럼을 제공하며 다른 단체와 개인들이 지구적 경제, 국제금융시장, 멕시코 경제에 대한 대안적 이해를 정식화하는 데도 기여했다. 그러므로 그런 의미에서 인터넷은 일각에서는 지정학적 연대의 네트워크를 가능하게 하고 확장하는 것으로 보였다. 돈, 사람, 상품, 서비스가 국경을 넘나드는 방식에는 급격한 차이가 존재하지만 말이다.

하지만 많은 정부가 깨닫게 되었듯이 정부가 세운 방화벽을 약화하려는 해커들의 시도를 고려할 때 — 어떤 해킹 집단은 정보 보안 결함을 노출하거나 그런 행위로 일종의 반대 의사를 표명하기 위해 명시적으로 정부기관과 기업의 웹 기반 계정을 노린다 — 인터넷에 올라오는 정보를 통제하는 것은 논란이 많고 어려운 일이다. 9/11 여파로 미 의회는 애국자법과 2007년 미국보호법 같은 기타 법안을 통과시켰는데, 이를 통해 행정부와 NSA 같은 핵심기관은 미국에 해가 될 만한 행위에 종사한다고 의심받는 사람들의 인터넷과 이메일 트래픽을 조사할 수 있게 되었다. 영국 같은 나라도 의심되는 정보에 대한 감시와 통제를 강화하고자 해왔다. 주권 국가, 경계, 감시, 국토로 이루어진 지배적인 지정학적 구조물을 복원하려고 하는 정부의 관점에서 대테러 활동이라는 명목으로 개인과 단체를 모니터링하는 일은 매우 의미가 있다.

2013년 5월 전직 NSA 직원 에드워드 스노든의 폭로 이후 대중 감시(종종 영장 없는 사찰)와 구체적으로 프리즘 같은 데이터 발굴 프로그램이 세간에 알려지자 NSA와 CIA를 비롯한 정보기관이 인터넷 접근과 이용을 수시로 감시하는 실상을 둘러싸고 논쟁이 가열되었다. 에드워드 스노든은 수십 가지 문서만 공개한 것이 아니라 대중 감시는 세계 곳곳의 다른 정보기관, 통신 회사, 구글 같은 인터넷 공급자와의 국제적 협조로 이루어진다는 사실도 폭로했다. 전직 부통령 딕 체니(Dick Cheney)가 '총체적 정보 인식'을 요청했을 때 당시에는 이런 목표가 혹자들이 감시-인터넷-산업 복합체라고 묘사한 것으로 어떻게 이어질지 명백하지 않았을 것이다. 아직 대통령 후보였을 때 오바마 상원의원은 안보 국가와 대중 감시에 비판적이었지만 그의 비판적 자세는 대통령직을 맡자마자 이내 누그러졌다.

소셜미디어 회사와 개인 정보에 관해 보다 최근에 드러난 사실은 안보 국가만이 시민들에 관한 정보를 수집하는 것이 아님을 상기시킨다. 이 모든 것은 대중지정학에 무엇을 의미하는가? 첫째, 우리는 우리의 소셜미디어 행위가 국가의 안보 관심사일 뿐 아니라 기업체와 다른 국가들에게 사업적/전략적 기회이기도 하다는 점을 성찰해야 할 것이다. 2016년 대통령 선거운동 당시 러시아 개입에 관한 고발 내용은 누가, 무엇을, 어떻게, 어디에서 부당한 영향력을 행사하고 있는지에 관한 대단히 흥미로운 쟁점을 제기한다. '가짜 뉴스'의 대중화는 공동체와 사회가 상호작용을 공유하는 방식에 한층 더 많은 부담을 지운다. 둘째, 데이터 분석은 이전 세대의 프로파간다가 시사하는 것보다 더 개인화되고 선별적인 방식으로 여론을 형성하는 데 이용될 수 있다. 셋째, 소셜미디어는 젠더와 인종의 차원에 따라 고도로 나뉘어 있으며 여성과 유색인이 가장 극심한 학대에 노출되어 있는 경우가 많다. 마지막으로 에스토니아 같은 나라는 디지털 공격과 도스 공격(서비스 거부 공격)을 예측하고 저항하기 위한 사이버안보, 미디어 리터러시 교육, 블록체인 기술 측면에서 디지털 선도국이 되었다.

대중지정학과 비대중적 지정학

이 장은 미디어와 관련하여 대중지정학을 어떻게 연구할 수 있는지 보여주었는데, 논의를 확대하여 공공예술, 춤, 라디오, 카툰, 음악까지 더 자세히 살펴볼 수 있을 것이다. 신문, 텔레비전, 라디오 같은 기존 미디어 형태는 세상에 관한 뉴스를 생산하고 유포하는 데 여전히 매우 중요하지만 대중지정학에 관심이 있는 사람들이 갈수록 주목하는 것은 인터넷 같은 새로운 미디어 형태와 블로깅 및 팟캐스팅 같은 소셜미디어 활동이다. 상호연결성이 증대되면서, 특히 서아시아에서 인터넷은 시청자들이 다른 뉴스 원천에 접근할 뿐 아니라 자신들의 의견을 온라인에 표명할 기회도 제공하고 있다. 공론장이 국가 정부에 의해 엄격히 통제되고 있는 나라와 지역에서 블로거들의 활동은 괴롭힘과 투옥, 지속적인 감시에 시달림에도 불구하고 존재감이 갈수록 커지고 있다. 이란 블로그들은 현재 이란에 관해 흥미로운 통찰을 제공하고 이란의 외교 정책 선택과 관련하여 이견을 내놓는데, 이를테면 왜 많은 온라인 논평가가 미국, 이스라엘, 파키스탄, 인도, 중국의 군사력에 위협감을 느끼는지 관심이 있는 독자들에게 설명해준다. 북아메리카와 서유럽에서 개발된 개인 및 데이터 감시 테크놀로지가 세계 다른 지역으로 수출되고 판매되고 있음을 생각해보는 것도 유익하다. 그러므로 이 시대 대중지정학은 역설적인 사안이다. 전례 없는 수의 사람들이 이제는 디지털 기술에 접속하여 자신만의 미디어를 생성하고 세상에 관한 맞춤 정보에 접근할 수 있다.

하지만 이 디지털 세상은 간섭과 왜곡에 빠지기 쉽고 시민과 공동체가 더 양극화되고 고립되기 쉬운 세상이기도 하다. 대중지정학은 비대중적 지정학이나 포퓰리즘적 지정학으로 쉽게 탈바꿈할 수 있다.

제 5 장

정체성

이 장은 정체성 정치를 다룬다. 지정학은 근본적으로 자신과 타인 사이의 차이를 상상하고 표명하는 문제이기 때문이다. 우리가 그 차이를 어떻게 표명하는지는 장난스러운 것(노르웨이인이 덴마크인과 스웨덴인에 관해 농담하는 것)에서 공동체 사이의 긴장을 고조하거나 인도네시아 같은 곳에서 호모포비아를 부추기는 것처럼 훨씬 해로운 행위에 이르기까지 다양한 형태를 취할 수 있다. 예를 들어 스리랑카에서는 소셜미디어 경고를 통해 소수 집단 무슬림 공동체가 다수 집단 싱할리족에 맞서 음모를 꾸미고 있다는 이야기가 유포되었다. 이 세 가지 사례를 하나로 묶는 것은 감정과 지정학 연구자들이 '정동(affect)'이라고 부르는 것이다. 우리가 타인에 관해 어떻게 느끼는지를 좌우하는 감정의 강력한 힘, 그리고 그 가운데 일부는 9/11 공격과 같은 충격적 사건이나 장기간의 분쟁 및 적대감의 표현으로 형성될 수 있다. 감정과 정동은 조작될 수 있다. 미디어 보도는 사람들을 흥분하게 할 수 있고, 정치 지도자들은 왜곡하고 과장할 수 있고 또 그렇게 하고 있으며, 대중은 공포와 두려움에서 희망과 평온에 이르기까지 여러 감정에 관여하고 싶어하기도 한다.

여러 주장으로 이루어진 국가정체성(national identity)은 구축되어야만 하며, 예술가·작가와 마찬가지로 역사가는 국가적 전통과 특성이 공적 문화를 통해 어떻게 발명되고 유포되어왔는지를 지적하는 데 줄곧 앞장서왔다. 역사가 에릭 홉스봄(Eric Hobsbawm)과 테런스 레인저(Terence Ranger)는 '전통의 발명'을 거론하며 국민은 의례와 관행을 발명한 다음 그것이 예부터 유래된 것이라고 주장하는 데 능숙하다고 지적한 바 있다.

비판지정학은 국가정체성에 관심이 있는데, 그런 '전통의 발명'도 인간-장소 관계에 근거하고 그것에 영향을 받기 때문이다. 국가정체성의 형성과 개조는 창조적이고 되풀이되며 반복적인 과정이다. 소설과 추모 조형물, 교육 자료는 본질적으로 지리적인데, 그런 정체성 전통과 함께 작동하며 장소와 영토를 문화나 사람들과 연결하기 때문이다. 물론 정체성 서사는 국민국가(nation-state) 수준에만 국한되지 않으며 개인적이고 지방적인 차원부터 범지역적이고 마침내는 지구적인 차원까지 다양한 지리적 규모에서 작동할 수 있고 작동한다. 개인과 사물(제6장)은 자아-타자 관계와 정체성 정치의 생산과 유포의 전면에 있다. 페미니즘 지정학과 퀴어 지정학, 비판적 인종 연구자들은 지정학의 주관성(subjectivity)이 특히 특정 장소와 영토에 '속해 있다'고 생각되는 것을 통해 어떻게 만들어지고 개조되는지에 관해 강력한 통찰을 제공한다.

아국가적(subnational, 국가보다 하위 단위라는 뜻 — 옮긴이) 집단화와 같은 그 밖의 다른 문화적·정치적 집단화, 다양한 사회운동, 디아스포라는 국가정체성에 대한 배타적 주장에 도전한다. 경제적·문화적·정치적 공간을 통제하는 국가의 능력이 이민자, 난민, 망명 희망자의 흐름과 비국가 행위자에 의해 도전받음에 따라 배타적인 국가정체성에 대한 그런 주장도 종종 한층 시급해 보인다. 한 가지 사례는 국민 문화와 정체성이 바뀌고 있다는 우려에 바탕을 둔 권위주의적 내셔널리즘의 형태를 통해 유럽에서 찾을 수 있다. 마이클 빌리그(Michael Billig)는 진부한 형태와 뜨거운 형태의 내셔널리즘에 관해 쓰면서 국가정체성과 내셔널리즘이 어떨 때는 시급해 보이고, 또 어떨 때는 당연하게 여겨지는 신기한 능력을 갖고 있다고 주장한 바 있다. 민족사와 지리를 어떻게 가르치고, 공적 인물에 관해 언제, 어디서 평가를 할 수 있으며, 어떤 공동체나 나라에 누가 속하는지에 대한 제약의 강도는 다양하다(상자 11).

지정학과 국가정체성

배타적인 영토 관할권을 보유한 국민국가에 입각한 근대 국제 정치 체제의 탄생은 보통 17세기 유럽으로 거슬러올라간다고 여겨진다. 이후 수 세기에 걸쳐 외교와 국제법을 통해 국가 정부가 등장하고 수립되었으며 이제는 국가들로 이루어진 모자이크화가 남극과 일부 대양을 제외한 지구 표면을 뒤덮고 있다. 국가기구가 시민들의 일상생활을 차츰 에워싸게 됨에 따라 국가 정부는 전국적 미디어와 학교 차원 교육에 대한 통제와 모니터링을 통해 국가적 자아정체성의 창출과 유지에 갈수록 더 많은 에너지를 쏟게 되었다. 생명 정치적 통치에 대한 관심의 일환으로 미셸 푸코(Michel Foucault)가 지적했듯이 국민국가는 국민과 영토를 갈수록 철저히 지도화하고 조사하고 측정하고 평가한다. 예컨대 많은 나라에서 이런 작업은 반복적이다—우리는 인구조사 양식을 작성하고, 투표 등록을 하고, 여권과 사회보장번호 등을 발급받기

상자 11 정체성과 지정학 : 엠파이어윈드러시호와 2014년 이민법(영국)

1948년 엠파이어윈드러시호가 자메이카 이민자들을 태우고 런던 항구에 정박했다. 그들의 도착은 이른바 윈드러시 세대의 도래를 알렸다. 노동력이 부족한 지역의 일자리를 메우도록 영국으로 초대된 카리브해 출신 영국민들 말이다. 윈드러시 세대의 최초 도래 이후 약 70년이 지난 2018년, 영국 정치는 연로한 영국령 카리브해 시민들에 대한 처우와 관련한 스캔들로 뒤흔들렸는데, 그들 가운데 일부는 강제 추방되고, 정식 체류자가 아니라고 선언되고 의료 서비스를 제공받지 못하게 되었다. 세간의 거센 항의 끝에 보수당 정부는 적절한 이민 서류를 소지하지 않았다고 불법 이민자로 몰린 사람들에 대한 추가 추방을 중단할 수밖에 없었다. 윈드러시 정치 스캔들은 이민자들에게 '적대적인 환경'을 조성하려는 새로운 입법의 파장을 보여주었고 흔히 영연방의 중요성을 역설하는 영국의 지정학적 비전이 아프리카, 아시아, 카리브해에서 오는 사람들의 이동성을 제한하고자 하는 정부의 바람과 충돌할 수 있음도 보여주었다. 정부 비판자들에게 2014년과 2016년의 이민법은 그 의도와 결과에서 제도적·법적으로 인종주의적이라고 평가되었다. 경계와 경계화 과정(bordering process)은 특정 사람들에게 더 엄격하게 적용되며 거기에 영향받는 이에게 두려움과 불안을 야기한다.

위해 세세한 인적 사항을 제출하라는 요청을 수시로 받는다.

예를 들어 1810년 에스파냐제국에서 독립한 아르헨티나의 경우 측량과 인구조사는 국가정체성 형성에 무엇보다 중요한 요소였다. 베네딕트 앤더슨(Benedict Anderson)이 '상상된 공동체'라고 부른 것을 창출하는 과정은 다양한 형태를 취했는데, 그 가운데 하나가 19세기 후반에 국민의식을 만들어내기 위한 이른바 '애국교육'의 도입이었다. 이런 교육 개혁이 도입된 시점은 우연이 아니었다. 부에노스아이레스 정부는 대륙 최남단 파타고니아를 포함하여 더 광대한 지리적 영토로 주권적 권위를 확대했을 뿐 아니라 주로 이탈리아와 에스파냐에서 밀려오는 새로운 이민자 물결과도 씨름해야 했다. 이들에게 아르헨티나 시민이라는 의식을 주입하여 통합할 필요가 있었던 것이다.

애국교육의 가장 중요한 요소 가운데 하나는 아르헨티나가 불완전한 나라라는 지리적 교훈이다. 심지어 그것은 지정학적 멜로드라마, 즉 정치 엘리트들이 특정 정책과 전략을 설명하고자 할 때 의존하는 프레임을 짜기 위한 이야기라고 묘사해도 무방할 것이다. '잃어버린 어린 자매들(Lost Little Sisters)'로 묘사된 1833년 영국의 포클랜드제도 합병은 계속해서 국민들의 신경을 건드리고 있지만 아르헨티나 국가정체성의 표현에서는 불가결한 요소다. 학교 차원 교육은 계속하여 이런 시각을 홍보하고 초등 수준의 어린 학생들이 두 주요 섬(영어 사용자에 따르면 이스트 포클랜드와 웨스트 포클랜드)의 윤곽선을 그릴 수 있게 가르친다. '잃어버린 어린 자매들'이라는 언급에서 알 수 있듯이 그 영토는 흔히 고도로 젠더화된 표현으로 묘사된다. 정치체(body politic), 즉 대륙의 아르헨티나(조국(Fatherland), 직역하면 '아버지 나라'이며 자매에 대응하는 또다른 젠더화된 표현—옮긴이)에 부속된 자매 영토인 셈이다. 그러므로 포클랜드제도가 1982년 아르헨티나 군대에게 '침략'당했을 때 그 군사작전은 제국인 영국이 앞서 '유린'한 땅에 대한 지정학적 구원 행위로 정당화되었다. 아르헨티나인이 아닌 시청자들에게는 놀랍게도 부에노스아이레스의 이른바 핑크하우스에 인접한 광장에 모인 군중이 〔포클랜드를 침공한〕 군사 정권에 환호했는데, 당시 집권 정부와 근래의 아르헨티나 정부는 자국민들을 고문하고 처형하고 있었다. 지정학적 주입이 워낙 철두철미하여 아르헨티나의 많은 국민은 이 영토 병합 시도에 기꺼이 환호할 태세였다.

1982년 6월 영국의 승리는 영토 위기를 해소하지 못했다. 대처 정부의 주장과 반대로 아르헨티나 국민들은 계속하여 이 영토 분쟁이 여전히 미해결 상태라고 알고 있다. 아르헨티나 언론매체와 정부는 국민과 방문객도 분쟁이 지속되고 있다고 생각하도록 부추겼다. 당신이 아무 잡지나 펴서 아르헨티나의 일기 예보를 살펴보면 포클랜드제도가 말비나제도라고 표시되어 있는 것을 확인할 수 있을 것이다. 1940년대 후반 이래 아르헨티나에서 포클랜드를 아르헨티나 영토로 표시하지 않은 지도나 남아메리카 본토와 가장 가까운 남극권의 일부를 아르헨티나 영토로 표시하지 않은 지도는 위법이었다. 공공 지도와 벽화는 국민들에게 포클랜드제도가 지리적으로 파타고니아에 가깝다는 사실을 끊임없이 상기시킨다. 그곳에서 영국의 주권은 과거 제국주의의 단면을 상기시키는 것으로서만이 아니라 특히 불쾌한 형태의 지리적 과잉 팽창을 보여주는 것으로서도 규탄받는다. 1982년 이후 부에노스아이레스와 그 밖의 지역에 들어선 공공 전쟁기념비 덕분에 아르헨티나 국민들이 자국 영토여야 한다고 여기는 땅에 관해 지리적·문화적으로 성찰할 기회가 더 많아졌다.

포클랜드제도 수복에 대한 이런 집착은 아르헨티나 국가 정체성에 대한 더 폭넓은 함의를 담고 있다. 한편으로 그것은 지리적으로 침해당한 나라로서 아르헨티나공화국에 대한 시각을 형성했고, 칠레 같은 인접국이 기꺼이 증언해주듯이 아르헨티나공화국은 영토 문제에 지금도 대단히 민감하다. 두 나라는 안데스 지역 국경을 둘러싸고 역사상 오랫동안 다투어왔다. 이는 때로 두 나라가 외지고 사람이 살지 않는 자투리땅을 두고 다투는 골치 아픈 상황으로 이어져왔는데, 이런 지역에서는 얼음과 암석의 이동이 분수령이나 능선같이 경계선 좌표를 설정할 때 이용하는 전통적인 측량법을 방해한다. 또다른 한편으로 19세기에 영국의 포클랜드제도 합병으로 인해 1940년대와 1950년대에 페론 대통령 같은 차기 정부 지도자들은 영국과 다른 제국주의 세력의 영향력에서 벗어나기를 열망하는 나라라는 아르헨티나에 대한 국가적 비전을 구축할 수 있었다. 최근 대통령들이 영국의 포클랜드제도 영유에 비난의 목소리를 높이며 장래의 석유와 가스 개발에 상당한 관심과 기대감을 표명하는 데서 보다시피 그런 비전은 오늘날까지 이어진다. 새로운 수입원과 더불어 갈수록 자신감을 느끼는 포클랜드제도 자치정부(2013년 3월 섬의 미래를 둘러싸고 세간의 이목을 끈 국민투표를 실시했다) 때문에 영국이 아르헨티나와 협상할 가능성은 점점 줄어드는 듯하다.

아르헨티나의 영토적 집착은 유별난 경우가 아니며 볼리비아와 인도, 파키스탄 같은 다른 나라에서도 영토 상실이나 공식 분할의 결과로서 유사한 사례를 찾아볼 수 있다. 이들 나라에서 지도는 국경이나 영유권과 관련하여 무엇을 묘사하는지에 따라 극도로 민감하다. 또한 영토상의 불안감은 학교 커리큘럼과 더 폭넓은 자기이해를 형성하는 데 도움이 된다. 그런 측면에서 국가적 미디어는 '상상된 공동체' 의식을 만들어낼 뿐 아니라 특정한 자기이해를 고착시키는 데 도움이 된다는 차원에서 매우 유의미하다. 볼리비아에서는 19세기에 태평양으로 접근할 수 있는 영토를 상실한 역사에 관한 이야기를 읽고, 보고, 듣는 것이 흔하다. 역대 볼리비아 대통령들은 국민들에게 이 역사적 불의와 매년 3월에 있는 이른바 바다의 날(Day of the Sea)의 중요성을 상기시킨다. 국가정체성의 지정학은 아르헨티나와 볼리비아 같은 나라에서 두드러지는데, 이는 국제적 경계를 둘러싼 불확실성과 영토상의 불만이 국가정체성에 대한 주장과 자긍심의 표출을 위협한다고 여겨지기 때문이다.

내부 변경(邊境)을 서쪽으로 확장해온 미국에서 국가정체성 형성은 다른 형태를 띠었다. 아르헨티나인들이 자국의 영토 포트폴리오를 걱정한다면 미국인들은 국민공동체의 사회적·인종적 특성과 멕시코와 맞닿은 남부 국경의 안보에 사로잡혀 있다. 아메리카 원주민, 일본계 미국인, 아프리카계 미국인 공동체의 경험은 미국의 지배적인 정치 문화를 계속 형성하는 백인 기독교도 미국인의 경험과 극명한 대비를 이룬다. 미합중국의 정치적 지리는 국가 정치체(national polity)에 의해 인정받으려는 다른 소수 집단의 투쟁으로 심대한 영향을 받아왔다. 1950년대와 1960년대의 자유민권운동과 아프리카계 미국인 공동체의 시민 자유를 확보하기 위한 싸움은 냉전을 지정학적 배경으로 삼아 일어났다. 그러므로 미합중국이 자유주의적 국제 질서를 옹호하는 동안 '아메리칸 드림'은 인종, 계급, 젠더, 장소에 따라 많은 시민에게 각양각색인 경험이었다.

상황이 더 나쁜 시절에는 미국 내 다양한 공동체가 게리맨더링(gerrymandering, 특정 투표자들에게 더 유리하도록 고의적으로 선거구를 조정하는 일)에 의해 참정권을 박탈당하고 불이익을 받았으며 직업과 주거에서 차별을 당했다. 예를 들어 자유의 여신상 같은 국가적 상징은 개인적·공동체적 경험에 따라 다른 방식으로 해석될 수 있다. 2005년 허리케인 카트리나의 여파로 뉴올리언스 같은 도시에 위치한 아프리카계 미국인 공동체는 빈곤층과 이동이 불가능한 계층의 인명과 재산 손실에 연방정부의 대응이 느렸다는 점이 분명해지자 유사한 정치-지리적 관련성을 찾아냈다. 인명과 재산 손실 범주에서 아프리카계 미국인 가족들의 비중이 컸던 것이다. '흑인의 목숨도 소중하다'와 같은 사회운동과 선거 조작을 둘러싼 항의 시위로 야기된 좀더 최근의 도시 소요 사태는 공정성과 평등에 관한 비판적 질문을 이끌어냈다.

9/11 이후 또다른 동시대 사례는 아랍계 미국인과 아시아계 미국인 공동체가 차지하는 명백한 양가적 역할일 것이다. 외모와 피부색으로 재단되는 많은 아랍계 미국인과 남아시아 혈통 사람들은 자신들의 행동거지나 언어 선택으로—이

를테면 영어 대신 아랍어나 우르두어 사용—비행기의 다른 승객들이 불만을 제기하기 때문에 수시로 탑승을 거부당하고 괴롭힘과 위협에 노출된다고 어려움을 호소한다. 그 결과 미국-아랍 관계 전국위원회는 9/11 당시 15명의 사우디아라비아인과 아랍어를 사용하는 4명의 납치범 소행 탓에 아랍계 공동체 전체가 낙인찍히고 고통받고 있다고 불만을 토로했다. 양자가 무관하기는커녕 이는 새로운 형태의 정체성 정치가 소수 민족을 희생시키며 특정한 젠더, 인종, 섹슈얼리티 표현을 우선시하고 소수 민족은 특히 비행기와 선박, 열차 같은 한정된 공공장소에 있을 때 두려움과 혐오의 대상이 되고 있다는 주장으로 이어졌다. 하지만 '백인의 특권'에 대한 공격에 분개하고 백인 지배를 주장하는 일부 백인 미국인은 이에 대해 반발한다.

정체성과 영토는 국민국가의 맥락 안에서 서로에게 영향을 준다. 국가 영토는 국가정체성의 제조와 재생산을 위해 외견상 안정적 플랫폼으로 기능해왔다. 전국적 미디어와 교육 시스템과 같은 제도는 영토적으로 불안전하고(아르헨티나), 영토적으로 침해당하고(팔레스타인), 영토적으로 염원이 있고(팔레스타인, 코소보, 쿠르디스탄), 영토적으로 야심이 있고(중국), 더 넓은 세계에 대한 하나의 본보기로서(미국) 국가 공동체의 특정한 재현을 만들어내는 능력을 제공해왔고 계속

상자 12 페이스북과 코소보

2013년 11월 사회관계망서비스 페이스북은 (2008년 독립선언에 따라) 코소보를 독립국으로 등재하기로 결정했다(세르비아는 독립선언을 인정하지 않았다). 그전까지 코소보인들은 페이스북 계정을 만들려면 소속 국가를 '세르비아'로 설정해야 했다. 약 20만 명의 페이스북 사용자가 '세르비아'와 어쩌면 '알바니아'에서 '코소보'로 이전한 것으로 추산된다. 코소보 총리는 '코소보'를 공인된 국가로 인정하는 소셜미디어 회사의 결정을 미리 공지받았던 것으로 보인다. 흥미롭게도 코소보 정부 각료들은 이 결정을 코소보의 PR(대외 홍보)와 유럽연합 가입 노력에 대한 긍정적 기여로 발 빠르게 인식했다. 페이스북은 주권 국가들과 국제연합이 하는 방식으로 국가를 '승인'할 권한을 누린다고 주장한 적은 없지만(대략 100개국이 이미 코소보를 독립국으로 인정했다) 이 사례는 코소보를 포함한 국가들의 디지털 외교가 부분적으로 소셜미디어 기업의 행위에 대한 관심으로 이루어짐을 조명한다. 10억 명 이상이 페이스북 이용자로 활동하고 있다고 추산되며, 따라서 코소보에 대한 페이스북의 디지털 인정은 비록 세르비아 정부와 코소보 내 독립 반대파에게는 환영받지 못하겠지만 정부, 기업, 관광과 같은 코소보의 핵심 부문에서는 환영받을 것임을 상기하는 편이 좋을 듯하다.

해서 제공한다(상자 12).

지정학과 범지역적 정체성

국민국가와 영토적 경계에 입각한 현존하는 국제정치 체제를 고려할 때 국가적으로 표현되는 정체성은 아무래도 여전히 가장 중요하다. 하지만 정체성이 항상 영토적으로 경계가 그어지는 것은 아니다. 때로 정체성은 영토적 경계 너머로 그냥 흘러가거나 국가와 국경선으로 이루어진 현존하는 모자이크화를 뛰어넘도록 의도적으로 만들어지기도 한다. 유럽은 그런 사례 하나를 제시하며 이런 측면에서 1957년 로마조약과 그 선례들은 중요하다. 장 모네(Jean Monnet), 콘라트 아데나워(Konrad Adenauer)와 같이 참혹한 양차 세계대전이 남긴 상흔에 시달리는 유럽(특히 프랑스와 독일) 정치 지도자들은 국가 사이의 협력과 궁극적 통합을 증진하기 위한 정치적·경제적·사회적·문화적 과정을 개시하는 데 지대한 역할을 했다. 두 차례의 지구적인 무력 분쟁과 영토 분할이 일으킨 피해에서 회복중인 서독에게 로마조약은 유럽 통합 촉진에 그치지 않고 자국이 민주적인 유럽의 중요 일원이자 미국의 지전략적 동맹으로서 환골탈태하고자 함을 보여주는 추가적인 증거였다.

제2차세계대전 경험은 이 유럽 통합 프로젝트의 근거를 제공했지만 회원국에 대한 지리적 정의는 더 골치 아픈 문제였다. 누가 이 새로운 경제 클럽에 가입할 수 있는가? 유럽은 어디서 시작해서 끝이 나는가? 회원국은 국가적 풍조와 세계관에서 압도적으로 기독교적이어야 하는가? 종종 유럽과 아시아를 잇는 지리적 가교로 묘사되는 튀르키예는 1963년에 처음 유럽경제공동체에 가입을 신청했고 기존 회원국과 문제적 관계를 줄곧 유지하고 있다.

50년 뒤 튀르키예의 유럽연합 가입은 여전히 논쟁의 수렁에 빠져 있다. 오스트리아같이 더 나중에 가입한 일부 회원국은 인구가 많은 이 나라가 기존 회원국에게 상당한 경제적·정치적·문화적 긴장을 야기할 것이라는 우려를 표명하는 한편, 다른 회원국들은 튀르키예 정부의 인권 보호 자세와 종족적·문화적 소수 집단 보호 노력이 꾸준하지 못하다는 점에 주목한다. 튀르키예 안팎의 비판가들은 노동력 이동, 경제적 기회, 인권, 정치적 통합을 둘러싼 논쟁 아래 도사리고 있는 것은 프랑스와 독일에 이미 상당한 무슬림 공동체를 보유하고 있는 유럽에 더 많은 무슬림 인구가 통합될 전망에 대한 근본적인 문화적 불안감이라고 믿는다. 근래에 시리아에서 발생한 인도적 위기는 유럽 사회가 서아시아 출신 이민자들을 어떻게 수용하고 통합해야 하는지에 관한 견해를 한층 양극화했다. 특이하게도 현 튀르키예 대통령 레제프 에르도안(Recep Erdoğan)은 튀르키예를 독자적인 지역 강국으로 내세우고자 하면서 유럽연합 가입에는 관심을 표명하지 않는다.

역사적으로 유럽의 지리적 표현은 변해왔으며 유럽대륙이라는 공간에 대한 확고한 인식이 있다고 주장하는 것은 지독한 오류일 것이다. 유럽연합의 미래를 둘러싼 최근의 논쟁은 흔히 영토, 정체성, 번영, 주권과 관련된 우려로 점철되어 있다. 1990년대 초반 보스니아 내전이 한창일 때 유럽연합 국가는 회원국들의 영토에 인접한 지역에 적절히 개입하지 못하고 약한 모습을 보였다고 비난을 받았다. 보스니아와 다른 유럽의 지식인들은 런던에서 비행기로 고작 2시간 거리이며 파리와 본, 로마에서는 그보다 더 가까운 거리에 있는 다문화·다종족 국가를 도우러 오지 않은 동포 유럽인들의 무능력에 야유를 퍼부었다. 1992년 모스타르와 사라예보 같은 도시 파괴와 1995년 7000명의 성인 남성과 소년들이 학살당한 스레브레니차 학살은 많은 관찰자에 의해 통합, 관용, 평화, 민주주의 같은 가치를 고취한다는 이 유럽적 프로젝트의 실패를 증언하는 기소장으로 해석되었다. 사반세기가 지나 유럽연합 회원국들은 헝가리와 폴란드 같은 새로운 회원국이 법치주의와 사법부의 독립성 같은 핵심 가치를 약화하고 있다고 비난받는 상황에 직면해 있다.

지금은 여러 도전에 직면하는 시기다. 유럽연합은 법치주의, 민주적 통치, 투명성, (해명) 책임성, 독립적 사법부 같은 자유주의적 민주주의의 가치와 관행의 옹호자로 스스로를 내세운다. 근래에 이는 더욱 시험대에 오르고 있다. 눈길을 끄는 사례는 폴란드다. 2017년에서 2018년에 폴란드 정부는 논란이 분분한 법률을 둘러싸고 유럽연합집행위원회(European Commission, EC)와 갈등을 빚었고 사법 개혁을 위한 폴란드의 제안에 대해 유럽연합조약 제7조의 징계 절차가 발동되었다. 폴란드의 집권당인 법과정의당은 사법부의 비효율성과 무책임성을 주장하며 행정부에 더 밀착된 사법부를 주창했다. 유럽연합집행위원들은 폴란드 집권 정부가 제시한 개혁 방안이 독립적 사법부에 대한 유럽연합의 헌신에 반한다고 반발했다. 어느 회원국이 유럽연합의 관행과 가치의 핵심을 위협한다고 여긴다면 다른 회원국들이 제재를 가하는 것은 가능하다.

하지만 난감한 시기에 '위기'가 닥쳤다. 그것은 유럽연합이 사람들의 자유로운 이동, 열린 국경선, 무역 증진, 국제 협력, 인권 보호를 옹호한다는 진보적인 지정학에 의문을 제기했다. 재정 위기와 난민 위기는 개방적·자유주의적·민주적인 권역을 추구하는 유럽연합 프로젝트에 계속해서 상당한 압력이 되고 있다. 유럽연합 헌법과 관련된 협상이 한창 진행중

일 때 정당과 언론매체는 27개 회원국을(이 글을 쓰고 있는 현재 2019년 10월 말까지 탈퇴할 예정인 영국은 제외) 아우르는 유럽연합의 성격과 목적에 대해 열띤 토론을 벌였다. 우익의 일부 정치권 인사들은 '기독교 유럽의' 기풍을 구현하고 다른 문명권과 구분되는 하나의 문명으로서 지리적 정체성을 충분히 강조하는 헌법을 원했다. 나중에 프랑스와 네덜란드 유권자들은 헌법안을 거부했고, 그리하여 유럽연합 헌법 도입 계획은 사실상 틀어졌다. 비기독교 관찰자들에게 유럽이 애초에 기독교 공간으로 규정될 수 있다는 관념은 유럽대륙 전역에 걸쳐 유대인과 무슬림 공동체가 오랫동안 존재해온 역사적 사실을 고려할 때 우려스러웠을 것이다.

영국, 프랑스, 네덜란드를 비롯하여 많은 유럽 정부가 직면한 최대의 도전 가운데 하나는 무슬림 공동체가 맞닥뜨리는 소외감이다. 9/11 납치범 가운데 한 명인 무함마드 아타는 함부르크에서 공부하는 동안 독일 사회에 깊은 환멸을 느꼈다. 프랑스에서는 2005년 여름 파리 근교에서 일어난 폭동이 무슬림 청년들이 접하는 차별과 인종주의가 원인이라고 진단했다. 국지적으로 겪는 소외의 경험은 아프가니스탄, 팔레스타인, 이라크, 체첸에서 이어지는 위기와 맞물려 전 지구적인 불만감에 일조해왔다. 종교적이고 지정학적인 요인이 이렇게 국지적·지역적·지구적으로 결합하는 양상은 2005년 7월

7일 런던 통근 열차에 폭탄을 터뜨린 주범 네 명의 동기에서 중요한 요인으로 거론되었다.

유럽의 지리적 범위를 둘러싼 그런 문화적 논쟁은 국가정체성의 많은 서사와 범지역적 표현에 계속 따라다닌다. 튀르키예와 유럽연합과의 오랜 관계는 1990년대 초 구유고슬라비아를 휩쓸었던 전쟁과 마찬가지로 이런 곤경의 한 단면에 불과하다. 유럽연합 내부와 외부에서 인구 흐름과 같은 범유럽적인 정치생활과 문화생활의 다른 영역도 누가 유럽인이고, 누가 유럽인이 아닌가를 둘러싼 불안감을 빈번히 야기해왔다. 폴란드와 슬로바키아의 유럽연합 가입에 일부 영국 신문은 영국이 일자리를 찾아 쏟아져 들어오는 동유럽 이민자들로 '뒤덮일' 것이라고 경고하기도 했다. 1950년대와 1960년대 이른바 신(新)영연방으로부터의 이민과 같이 일부 논평가는 영국이 '우리 같지' 않은 사람들에게 압도되기 직전이라고 주장했다. 이민을 둘러싼 당시의 논쟁에서처럼 '뒤덮다(swamp)'라는 언급은 국가적이고, 심지어 범지역적 정체성에 관한 우려를 자극하는 일종의 문화적-지리적 부호처럼 작동한다. 역사와 지리를 더 예리하게 의식하는 사람들이 보기에 영국 같은 나라는 항상 이민 물결에 의해 형성되어왔다. 영국 내 폴란드계 공동체는 100만 명 정도에 달하는 가장 큰 소수 민족 공동체 가운데 하나다.

2007년 1월에는 불가리아와 루마니아가, 2013년에는 크로아티아가 가입하면서 유럽연합 회원국은 계속해서 확대되고 있다. 많은 사람이 유럽연합의 다양한 제도와 효과적인 목적의식과 범유럽적 정체성을 생성하지 못하는 무능력에 대해 비판적이지만 유럽연합이 국가정체성의 새로운 발현을 어떻게 조장하고 있는지도 고려할 필요가 있다. 2006년 5월 몬테네그로공화국은 독립을 위한 국민투표를 실시했고 투표자의 55퍼센트가 세르비아와의 연합에서 분리되어 독립하는 데 찬성했다. 여기서 유럽연합의 역할이 특히 흥미로운데, 몬테네그로공화국이 독립 선언을 인정받기 위해 충족해야 할 규준을 세웠기 때문이다. 실제로 몬테네그로 독립에 찬성하는 주장의 핵심 논거는 국가 독립 그 자체보다는 유럽연합 가입 욕구에 더 많이 의지했다. 많은 몬테네그로인은 세르비아가 이전에 코소보와 구유고슬라비아 곳곳에서 무력 분쟁에 관여했고 이후로 전쟁 범죄 용의자들의 인도를 거부했기 때문에 유럽연합 가입이 실질적으로 유예되는 데 불만이 컸다. 몬테네그로 독립 선언에서 유럽연합의 관여는 전례가 없었고 범유럽적 기구가 유럽적 정체성에 대한 문화적 주장을 형성하는 데 어떻게 결정적 역할을 할 수 있는지를 분명하게 예시한다.

에스토니아, 리투아니아, 라트비아와 같은 발트 국가의 경우처럼 유럽연합 가입은 이런 국가들이 자신들을 '유럽인'으로 재상상하고 그와 동시에 구소련의 이해관계와 사안에 덜 의존할 수 있게 되는 전환적 과정의 중요한 일부로 여겨졌다. 이 과정에서 유럽연합은 지리적으로 더이상 서유럽 국가에 의해서만 규정되지 않게 되었고, 따라서 내부적인 차이가 더 커졌다. 하지만 이 모든 것은 근래에 경제적 긴축과 이민 통제라는 두 가지 쟁점이 점점 더 유럽연합 내부의 관계뿐 아니라 북아프리카와 같은 인접 지역과의 관계도 지배하게 되면서 더 큰 압박을 받게 되었다. 2014년 1월 루마니아와 불가리아 이민자들은 영국과 같은 유럽연합 노동시장의 진입이 허용되었고, 이로써 영국이 또다른 동유럽 이민자 물결에 압도될 것인지를 둘러싸고 (다시금) 무수한 논평이 쏟아져나왔다.

한편, 우크라이나와 같은 가입 희망국은 한편으로는 유럽연합을, 다른 한편으로는 러시아와의 긴밀한 관계를 지향하는 내부적 분열을 완화하려고 애쓰고 있다.

유럽연합과 연관된 정체성 서사와 정치적 관행은 국민국가와 연관된 정체성 서사와 정치적 관행을 보완하면서 도전한다. 어떤 사람들에게 유럽연합은 '국가들의 유럽(Europe of Nations)'으로 간주되는 반면, 어떤 사람들은 '유럽합중국(United States of Europe)'을 추구한다. 경합하는 이런 지정학적 비전에 대처하는 한 가지 방식은 단순히 지리적으로 해소하는 방식이다. 유로존과 솅겐조약은 어떤 국가는 회원인 반면, 어떤 국가는 회원이 아닌 사례를 제시한다.

유럽연합이 현 회원국들의 경계 너머로 활동을 확대할 용의가 있음을 보이고 있는 만큼 유럽의 지리적 확장을 둘러싼 논쟁은 중요하다. 이민과 반(反)테러리즘, 반(反)지하디즘 같은 분야에서 유럽연합은 니제르 같은 아프리카 국가에서 역외적 존재감을 드러냈다. 프랑스와 영국 같은 유럽연합 국가는 미국 관계자들과 협력하여 무기 밀수 경로와 불법 이민을 차단하기 위해 리비아 국경을 봉쇄하는 시도에 앞장섰다. 비정부기구와 현지 기구는 유럽과 미국 단체의 투자와 개입이 접경지 지역사회의 현지 개발의 요구에는 무관심하다고 비판해왔다(그림 11). 2016년 12월 유럽연합은 국가 건설과 사회 기반 시설 사업에 4억 7000만 유로(약 5억 5000만 달러)를 투자하기로 니제르와 협약, 체결했다.

지정학과 아국가적 정체성

정체성과 목적의 지역적 표현이 정치체와 국가정체성의 표현 사이의 관계를 복잡하게 만든다면 중앙 권위로부터 독립이나 더 큰 자율성을 추구하는 아국가적 집단도 정체성이 영토적으로 구획된다는 단순한 전제에 의문을 제기한다. 사

11. 2017년 7월 이민과 개발 원조를 논의하기 위해 만난 유럽연합과 니제르 대표(디미트리스 아브라모풀로스와 모하메드 바줌)

실상 종족적으로 동일한 일본(저자의 주장과 달리 북쪽의 아이누인과 남쪽의 오키나와인은 일본 본토 사람들과 종족적으로 차이가 있다—옮긴이)과 아이슬란드 같은 나라는 영토적 정당성과 그와 관련하여 국가정체성에 대한 주장에 도전하는 아국가적 집단을 경험할 일이 별로 없다. 유럽 내에서 에스파냐의 카탈루냐 공동체와 벨기에의 왈롱인 같은 공동체는 국가적 통일성과 국가 목적의 표현이 제약을 받으며 때로는 국가정체성이나 비전에 대한 주장에 반발하는 다른 집단의 격렬한 반대에 부딪힌다는 점을 계속해서 상기시킨다.

내셔널리즘은 역동적/반복적 과정이며 에스파냐 같은 국가는 특정한 영토 단위와 그 내부에 존재하는 정체성 재현에 대한 상충하는 요구를 때로는 억압하고, 때로는 수용해왔다. 마드리드에 기반을 둔 에스파냐 정부는 지난 40년에 걸쳐 카탈루냐와 바스크 공동체에 더 큰 자치권을 부여해왔지만, 한편으로는 그 지역들이 에스파냐에서 분리되는 것을 결코 용납하지 않겠다는 군 관계자들의 발언이 줄곧 인용되어왔다(상자 13). 에스파냐국립지리학회(1870년 설립)가 제작한 전국 지도는 통합된 에스파냐에 대한 비전을 강화하는 데 중요한 역할을 해왔다.

카탈루냐와 바스크 지방을 에스파냐 일부로 유지하려는 이 같은 결의의 표명은 과거 에타(ETA, 조국과 자유) 같은 단

상자 13 카탈루냐와 2017년 독립 주민투표

카탈루냐와 마드리드 중앙정부와의 관계에서 가장 논란이 컸던 순간 가운데 하나는 2017년 10월에 찾아왔다. 주민투표는 중앙정부에 의해 불법으로 선언되었음에도 불구하고 예정대로 실시되었고 투표자의 절대다수는 독립에 찬성했다. 투표율은 43퍼센트였으므로 투표 결과는 다음 두 가지 이유에서 조심스럽게 다루어야 한다. 첫째, 일부 주민은 주민투표가 에스파냐 최고법원에 의해 불법으로 선언되었기 때문에 투표에 참여하지 않기로 했다. 둘째, 일부 주민은 지방과 중앙 경찰이 투표소로의 접근을 막아서 투표할 수 없었다. 주민투표는 에스파냐 국왕 펠리페 4세에 의해서도 불법으로 선언되었고 이는 논란에 기름을 부었다. 유럽연합은 이 문제를 에스파냐 국내 문제라고 주장하며 카탈루냐 정부 지도부를 지지하여 개입하기를 거부했다. 2017년 10월 이후 에스파냐 정부가 헌법 155조를 원용하여 2017년 12월 카탈루냐 의회를 해산하고 새로운 선거 실시를 지시한 뒤에도 독립 찬성파는 카탈루냐 지방의회를 여전히 장악하고 있다. 에스파냐에서 가장 부유한 지방과의 교착 상태는 현재진행형이다.

체의 테러 활동에 일정 부분 책임이 있다. 이들은 과거 바스크 지방과 마드리드 같은 중요 도시의 인명과 재산을 겨냥한 공격과 폭탄 테러를 서슴지 않았다. 1959년 7월에 창설된 에타는 에스파냐 점령 철폐를 부르짖는 바스크 민족주의와 더불어 반식민주의적 메시지를 적극 내세웠다. 에스파냐 지도자 프랑코 장군은 격렬히 대립하며 에타를 분쇄하려고 준군사 조직을 이용했다. 이 탄압 시도는 성공을 거두지 못했고 에타가 1975년 프랑코 사후에 활동을 이어가면서 휴전을 이끌어내려는 1990년대의 다양한 시도도 소용이 없었다. 가장 중요한 것은 2004년 3월 11일 200명에 가까운 사람들의 목숨을 앗아간 마드리드 폭탄 테러 사건(에스파냐에서는 11-M 사건이라고 부른다)이 일어났을 때 에타가 테러의 주범으로 지목되었다는 점이다. 하지만 사실 범행자들은 에타가 아니라 이슬람 과격 단체였다. 이라크에 에스파냐 병력 배치를 승인한 호세 아스나르(José Aznar) 총리가 이끌던 당시 인민당 정부는 사흘 뒤 총선에서 대패했다. 흥미롭게도 저조한 지지율에 시달리던 국가 정부는 폭탄 테러 사건을 에스파냐 내부에서 활동하고 있던 단체 탓으로 돌리고자 했지만 국민 다수는 폭탄 공격이 테러와의 전쟁을 기꺼이 지원하려고 한 정부 정책의 직접적 결과라고 믿었다.

아지역적(subregional) 내셔널리즘이 에스파냐 국가에 제기하는 도전은 변함이 없지만 11-M 사건의 여파로 테러를 동원하는 경향은 약해진 듯하다. 카탈루냐 분리주의자들은 언어, 깃발, 지도와 같이 차이를 드러내는 표현과 관행을 계속 증진하며 에타의 경우에는 하나의 지리적 공간이 바스크 조국, 즉 에우스칼 헤리아(Euskal Herria)를 규정하고 수호한다. 모든 바스크 분리주의자들이 과거에 에타의 활동을 지지해온 것은 아니지만 오늘날 투쟁은 헌법적 권력, 재정 정책, 마드리드의 에스파냐 중앙정부가 부과한 제약을 거부할 수 있는 카탈루냐 의회 지도부의 권한 범위를 둘러싼 논쟁을 통해서 계속된다. 에타는 2018년 5월에 공식 해체되었다.

국민국가와 지방 분리주의자 모두에게 영토 소유권을 획정하기 위한 투쟁은 정체성의 특정 서사가 유지될 수 있게 하는 데 본질적 요소로 간주된다. 한편으로 에스파냐, 중국, 스리랑카, 인도네시아 등 다양한 장소에서 벌어지는 분리주의 투쟁은 국가 정부가 군사와 안보 활동을 정당화하는 데 일조할뿐더러 흔히 텔레비전, 학교, 신문과 같은 대중적인 문화 표현 수단에서 드러나는 국가정체성 서사에 더 높은 수준의 재정적·정서적 투자를 촉진한다. 지정학과 국제관계 연구자들이 주목한 바와 같이 어떤 것을 안보 위협으로 지정하는 것은 국가가 위험에 처했다고 판단되어 강압적 수단을 정당화하는 데 종종 필수적이다. 다른 한편으로 분리주의 투쟁은 국가정체성에 대한 그런 주장이 결코 당연시되어서는 안 된다는 점을 환기한다. 이라크, 레바논, 시리아 같은 장소의 상황은 식민지 시절에 획정된 경계선과 복수의 정체성이 불편하게 공존하는 현실과 현지에서 정당성과 인정을 얻지 못할 경우 국기와 통화 같은 국가적 상징과 사회 기반 시설의 도입이 사실상 무용지물임을 냉정하게 상기시킨다.

지정학과 문명

1993년 미국 학자 새뮤얼 헌팅턴(Samuel Huntington)은 〈포린 어페어스Foreign Affairs〉에 '문명의 충돌'이라는 글을 발표하여 파란을 일으켰다. 프랜시스 후쿠야마의 기고 글 '역사의 종언'과 마찬가지로 눈길을 사로잡는 제목과 절묘한 타이밍으로 인해 이 시론은 미국과 서아시아 및 이슬람 세계를 비롯한 다른 지역에서도 상당한 관심을 받았다. 새뮤얼 헌팅턴의 글은 일찌감치 논지를 드러냈다. 독자는 세상이 새로운 국면으로 접어들고 있고 이런 국면에서는 문명 충돌이 지구적 지정학을 좌지우지하게 될 것이라는 말을 들었다. 문명 사이의 충돌은 탈냉전 지정학에 대한 더 낙관적인 독해와 다소 어색하게 공존했다.

결정적으로 새뮤얼 헌팅턴은 지리적 심장부가 지배하는

세계 지도 대신 일곱 개, 어쩌면 여덟 개의 문명권으로 이루어진 새로운 세계 지도를 제시한다. 새뮤얼 헌팅턴의 지정학적 세계에서 서구 문명이 직면한 주요 위협은 이슬람과 서아시아, 북아프리카, 중앙아시아, 아시아에서 이슬람 세력이 차지하고 있는 영토상의 강한 존재감이다. 그가 생각하는 문명의 개념은 모호하지만 서구를 위협하는 대상으로서 이슬람 문명에 대한 묘사는 서아시아와 이슬람 연구자 버나드 루이스(Bernard Lewis)의 저술에서 영향을 받았다. 버나드 루이스는 미국의 신보수주의적 시각을 형성하는 데 중대한 역할을 했고 서아시아 외교 정책과 관련하여 조지 W. 부시 행정부의 지적인 틀을 짜는 데 다른 어떤 학자보다도 기여했을 것이다. 당연하게도 팔레스타인 출신 미국 학자 에드워드 사이드(Edward Said) 등 다른 저명한 학자들은 새뮤얼 헌팅턴과 버나드 루이스의 저작을 혹평했다.

이슬람 문명을 미국과 더 일반적으로는 서구에 본디 위협적인 것으로 규정함으로써 냉전을 상기시키는 정체성 정치는 이어지지만 문화적-지리적 양상은 다르다. 지난 60년 동안 소련과 공산주의가 세계의 위협으로 여겨졌다면 에드워드 사이드와 다른 이들은 이제는 이슬람과 서아시아, 북아프리카와 같은 지역이 위험하고 위협적인 것으로 묘사될 차례라고 주장한다. 비록 그런 빤한 거대 서사는 지나치게 단순해

보이지만 새뮤얼 헌팅턴이 머릿속에 그리는 지도에는 몇 가지 놀라운 침묵이나 삭제가 전제되어 있다. 무엇보다도 서구가 기독교권으로 규정된다는 개념은 유럽과 북아메리카에 장기간 존속해온 다른 신앙 공동체를 간과하는 것 같다. 게다가 어떤 문명이든 사람들과 그들의 신앙, 언어, 음식, 건축을 비롯한 다른 사회-문화적 관습을 포함한 흐름에 영향받지 않은 문명을 상상하기란 어렵다. 이를테면 에스파냐나 포르투갈을 방문해본 사람이라면 누구나 이슬람 건축의 지속적인 영향력이나 지명 등에서 아랍어의 역할을 알아차리지 않을 수 없을 것이다.

2001년 10월에 발표된 '무지의 충돌'이라는 제목의 글에서 에드워드 사이드가 더욱 우려스럽게 생각하는 점은 '문명의 충돌' 관념이 미국 세계관의 밑바탕이 되고 있으며, 따라서 9/11 공격을 뚜렷하게 문화적 관점에서 해석할 수도 있다는 사실이다. 호전적인 일부 이슬람 인사들이 그런 문화적 관점을 들먹일 수도 있지만 특정 장소에 대한 단순화된 낙인찍기에 내재된 위험은 흑백의 단순성을 위해 상호의존성과 복잡성이 희생된다는 점이다. 다시금 부시의 미국에서는 기독교/서구 우월성을 무조건적인 이스라엘 보호와 이슬람 세계의 파괴를 표방하는 모종의 미국 외교 정책과 기꺼이 연결짓고 싶어하는 앤 콜터(Ann Coulter) 같은 우익 논평가를 찾기 어렵지 않았다. 기독교 복음주의 공동체의 더 극단적인 분파에게 그리스도의 재림은 오로지 이슬람 과격분자들과의 충돌이나 그보다는 더 무미건조하지만 지구 기후 변화를 통해 일단 세계가 아마겟돈에 직면하면 일어나리라.

세계 멸망의 원인이 무엇이든 간에 '문명의 충돌' 논쟁은 정체성 서사가 지구적 층위에서 어떻게 정연하게 표명되는지를 부각한다. 하지만 이런 종류의 논쟁은 흔히 식민주의의 역사적 지리 같은 핵심 요소는 간과한다. 우리가 다른 장소와 신앙이 상호작용하는 방식을 이해하려면 문화적·정치적·경제적 지배와 저항의 유산을 제대로 인식할 필요가 있다. 새뮤얼 헌팅턴의 테제에 내재된 위험은 타자의 장소와 신앙 공동체가 무턱대고 위협적인 것으로 재현된다는 점이다. 또 실제로 위협적이라 할지라도 새뮤얼 헌팅턴과 버나드 루이스 같은 논객이 서아시아 지역에서 영국과 프랑스의 식민지배가 어떻게 지금의 지정학적 관계를 형성했고, 또 계속해서 형성하고 있는지를 더 세심하게 고려할 의사가 없다는 사실은 놀라울 따름이다. 영국이나 프랑스의 도덕적 우위를 거론하는 주장의 공허함은 수시로 폭로되었다. 두 나라는 질서를 잡고 통제하고자 한 바로 그 주민들에게 폭탄을 퍼붓고, 가스를 살포하고, 학살했던 것이다.

1920년대와 1930년대 초 이집트에는 외국인 병사들이 넘쳐났고 사회적 공간은 나중에 아파르트헤이트 시기 남아프리카공화국에서 고스란히 답습되는 방식으로 유럽인들에게 유리하게 분리되어 있었다. 이집트인들 사이에서 커지는 공분과 굴욕감은 나중에 무슬림 형제단의 탄생과 이후 영국인에 대항한 반식민주의 운동에 핵심적 역할을 했다. 1948년에 미국을 방문하고 돌아온 사이이드 쿠트브(Sayyid Qutb) 같은 이집트 급진주의자는 나중에 그곳의 물질주의적 문화와 인종차별, 특히 아프리카계 미국인 공동체에 대한 차별에 반감을 드러냈다. 지금 이슬람의 호전성(好戰性)을 고취시킨 다양한 원천과 맥락이 존재하지만 식민지배에 대한 기억이 여전히 생생하고 여기에 서구 자유민주주의 국가의 인종주의적 성격에 대한 반감까지 더해진 것이 그 복잡한 방정식의 일부다. 서구 열강은 이집트, 사우디아라비아, 요르단 같은 대리 정권의 도움을 받아 이들 국가가 정식 독립을 했을 때도 계속 내정을 간섭해왔다. 오늘날까지도 이란인들은 1953년 개혁적인 모사데그 정부에 맞선 쿠데타를 지원하는 데 CIA가 했던 역할을 조명한다.

'문명의 충돌'은 문화적·지리적 단순화를 약속하지만 솔직히 그런 단순한 그림은 기독교도, 드루즈인, 아랍어를 사용하는 많은 무슬림 공동체를 비롯하여 상호연결된 공동체와 디아스포라 네트워크로 가득한 세계의 복잡성과 들어맞지 않는다. 그런 단순화는 일부 지역에서는 듣기 편안한 이야기가 될 수도 있지만 인간 유동성의 복잡성과 그에 따라 공동체가 다수의 정부와 조직들에 제기할 수도 있으며, 또 제기하는 요구에 대해서는 충분히 주목하지 않는다. 무력 분쟁에 휩싸여 있는 시리아의 상황에 대한 근래의 관심을 고려할 때 영화배우 테리 해처와 애플 CEO 고 스티브 잡스 같은 미국 유명인사를 포함하여 시리아 바깥에 시리아 혈통의 사람이 1800만 명가량 있다는 사실을 심각하게 생각해보아야 할 것이다. 캐나다의 트뤼도 총리는 캐나다에 도착한 시리아 난민을 환영한다고 명시적으로 밝혀 세간의 이목을 한 몸에 받은 정치 지도자들 가운데 한 명이었다(그림 12).

이런 지정학적 배경을 바탕으로 오사마 빈 라덴과 그의 동료들은 자신들의 싸움을 서아시아와 그 밖의 지역에서 활동 중인 '유대인과 십자군'에 맞선 투쟁으로 내세웠다. 잘 알려진 연설에서 오사마 빈 라덴은 미국과 이집트, 요르단, 사우디아라비아의 변절 정권을 비롯하여 미국의 동맹국에 맞선 싸움을 설명하고 정당화하고자 '문명의 충돌' 담론을 활용했다. 새로운 이슬람 공동체(움마)를 창설하려는 그의 욕망은 서아시아와 이슬람 세계의 문화적-종교적 정화를 토대로 했다. 그 지역에서 이스라엘인, 변절자, 미군을 몰아내는 것이 이 목표를 달성하는 데 결정적인 것으로 여겨진다. 미군 축출

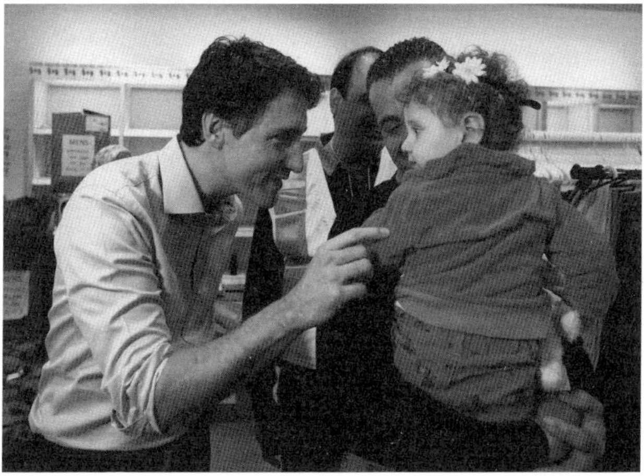

12. 2015년 12월 토론토 피어슨국제공항에서 쥐스탱 트뤼도 총리가 시리아 난민들을 반갑게 맞고 있다.

의 경우 '두 성지가 있는 땅을 점령하고 있는 미국에 맞선 지하드 선언'에서 가장 분명하게 표명되며 9/11의 여파 속에서 재천명되었다. 오사마 빈 라덴의 지적 세계관은 팔레스타인 신학자이자 알카에다 창립자인 압둘라 아잠(Abdullah Azzam)과의 접촉으로 형성되었다. 압둘라 아잠은 오사마 빈 라덴으로 하여금 아프가니스탄으로 가도록 설득한 장본인이자 '지하드와 라이플'이라고 부른 것의 옹호자였다.

또한 문명의 충돌은 유럽 내부와 더 일반적으로는 그 너머에서도 상상되어왔다. 시리아와 이라크에서 활동중인 이슬람 국가(IS)는 문명 담론, 특히 범지역적 이슬람 칼리프 국가와 관련된 문명 담론을 동원한다. 정체성 정치는 일상적인 것부터 문명 차원에 이르기까지 다양한 범위와 장소를 급격하게 넘나들 수 있다. 논란을 몰고 다니는 소설가 미셸 우엘베크(Michel Houellebecq)는 이런 사태 전환을 놓치지 않고 소설 『복종*Submission*』(2015)에서 프랑스가 칼리프 국가로 바뀐 세계를 상상하면서 프랑스가 전통적인 기독교적 특성을 상실해가고 있다는 일부 프랑스 시민의 두려움을 적극 이용한다. 열린 국경선과 자유민주주의의 관용이 이렇게 바뀐 세계의 원인으로 제시된다. 2018년에 출간된 『이슬람의 집*The House of Islam*』의 저자 에드 후세인(Ed Husain)은 이민 물결이 서아시아와 남아시아에서 유럽으로 향하면서 유럽이 유대-기독교의 성격을 상실해가고 있다는 우려를 조장함에 따라 무슬림과 비무슬림 사이의 관계가 여전히 위태롭다고 경고한다. 여성에 대한 처우, 종교 관행 준수, 출생률 차이, 이스라엘에 대한 태도와 같이 논쟁이 분분한 영역은 대립이 발생하기 쉽다는 것을 부각하는 데 이용되어왔다.

트럼프 대통령은 유럽 정상들에게 무슬림이 다수인 나라들로부터의 이민 물결에 대응하지 않는다면 상황은 더 나빠질 것이라고 경고했다. 유럽 전역의 우익 정파들은 '유럽의 이슬람화'를 경고한다. 하지만 사우디아라비아 같은 억압적인 정권에 대한 유럽의 무기 판매는 문명론 형태의 지정학이 많은 모순과 공모를 드러냄을 상기시킨다. 한편, 중국 지식인들과 정치 지도자들도 중국식 가치와 관행이 동반 성장, 타국의 내정에 대한 불간섭, 상호존중에 초점을 맞추기 때문에 '서구의' 지정학 패러다임보다 문화적으로 우월하다고 주장하며 문명론적 담론을 내놓았다. 이것은 타국의 정체성과 이해관계를 존중한다는 일대일로의 지정학적 의제 설정에서 핵심적인 요소였다.

복합적인 정체성과 복합적인 지리

이 장은 지정학적 관계와 영토를 형성하는 데 정체성 정치의 역할에 관해 다루었다. 루돌프 셸렌 같은 고전지정학 저자들은 인구와 같은 다른 속성과 함께 국가의 영역과 사회의 정치를 구분했다. 하지만 그와 해퍼드 매킨더 같은 학자는 문화적·사회적 복잡성에 그다지 관심을 보이지 않았다. 사회의 정치는 이민, 전쟁, 커뮤니케이션의 변화가 인구학적·문화적 변화를 강요하고 촉진함에 따라 본질적으로 더 복잡하다. 국가적 서사, 영토 지도, 느낌의 구조, 정서에 대한 호소는 정체성 기반의 지정학 형성에 일정한 역할을 하지만 한편으로 어떤 것은 포함하고 또 어떤 것은 배제하기도 한다. 정체성 지정학의 역동적 특질은 개인과 공동체가 갖는 지리적 관계가 중첩되고 복잡히다는 점을 상기시킨다. 마이클 빌리그가 상기시키듯이 내셔널리즘과 국가정체성은 당연시하고 의문시하지 않으면 진부해 보일 수도 있다. 지정학은 시민권 및 소속과 긴밀하게 연결되어 있고 한 나라/지역/문명이 스스로를 이해하는 방식은 포함과 배제의 정책과 관행을 창출한다.

미중 관계가 경험되는 방식은 미국 학생들이 하버드대학에서 중국 주석의 딸과 같은 강의실에 앉아 있는 것부터 미국과 중국 회사들이 참여하는 파트너십(협업)과 전자기기에 이르기까지 복잡다단하며 다위치적(multi-locational)이다. 여러분은 미국 제품들 가운데 실제로 중국에서 생산되는 제품이 얼마나 많은지 알고 있는가? 1990년대의 미일 관계와 제품,

사물의 경우처럼 정체성 정치는 서로 다른 표현과 지리적 범위를 취할 수 있다. 불안과 두려움의 표출부터 이해관계와 투자 공유에 대한 인식까지 말이다. 미국과 중국은 이익과 위신을 확보하기 위해 전 세계에 자국의 문화적·경제적·정치적 영향력을 이용하면서 문명 담론과 관행에 참여한다. 그런 참여와 관계가 어떻게 이해되는지는 누가, 무엇이, 어디에 얽혀 있는지에 크게 달려 있다. 중국계 미국인 소설가 셀레스트 응(Celeste Ng)은 2014년 소설 『내가 너에게 절대로 말하지 않는 것들*Everything I Never Told You*』에서 이런 복잡성 가운데 일부를 포착한다. 그녀가 그리는 소설 속 세계인 1970년대 냉전기 미국에서 중국계 미국인 가족은 사별(死別)의 아픔, 인종주의, 이민자 외부인에 대한 끝없는 의심을 견뎌야 한다.

제 6 장

사물들

지정학은 말과 이미지 그 이상이다. 이 마지막 장에서는 사물의 역할과 인류학자 대니얼 밀러(Daniel Miller)가 '재료(stuff)'라고 표현한 것을 살펴본다. 지정학은 종종 사물을 통해 상상되지만 사물을 이용하여 행사되기도 한다. 구글에 '지정학'으로 이미지를 검색해보면 지도와 지구본, 유명 건물들, 군사 시설, 국가 기간 시설 등이 나온다. 지도는 세상을 보는 방식으로 작동할뿐더러 지도책에서 볼 수 있고 애플리케이션을 이용하여 스마트폰에 내려받을 수도 있는 물리적 대상이기도 하다. 지정학에서 가장 극적인 몇몇 순간은 정치 지도자들이 지도를 들여다보며 이곳저곳을 가리킬 때다.

하지만 지정학에서 사물의 역할이 항상 극적인 것은 아니다. 때로 사물은 진부하고 '뜨거울' 수 있다(그림 13). 군사화될 때도 있고 일상적일 때도 있다. 마이클 빌리그의 안성맞춤 표현인 '진부한 내셔널리즘'은 국기 같은 물건이 당연시되는 국가적 표현의 폭넓은 레퍼토리 가운데 일부가 될 수 있음을 부각했다. 하지만 그 국기가 특정 국가의 외교 정책에 관해 항의하는 성난 군중에 의해 찢기고 불태워지면 별안간 국기는 매우 다른 위상을 갖게 된다. 앙숙인 그리스와 튀르키예는 푸르노이군도 내 영토 분쟁 지역인 작은 섬에서 상대방의 국기를 치워버린 적이 있다. 그리스 동부 섬들이 튀르키예 해안에 가깝게 붙어 있어 전략적으로 민감한 에게해 지역에서 두 나라는 상대국이 자국의 영공과 영해를 침범했다고 수시로 비난한다. 깃발 꽂기 경쟁은 사소한 일이 아니다. 그리스 입장에서는 깜짝 놀랄 일이지만 튀르키예가 그 작은 섬이 주권이 불분명한 '회색지대'에 있다고 주장하기 때문이다. 두 나라는 서로 뒤질세라 실지회복주의—이전에 상실한 영토를 되찾으려는 욕망—지정학을 추구한다고 상대방을 비난했다. 지도, 국기와 같이 영유권을 나타내는 사물은 분쟁에서 중요한 역할을 한다.

사물은 지정학적 관계를 형성하고 국가 권위를 빛낼 수 있다. 그러므로 깃발은 국가안보의 강력하고 초가시적 표현인 한편, 일상생활에서는 거의 의식되지 않는다. 사물은 우리 삶

13. 2014년 6월 쿠르드족 시위자가 튀르키예 공군기지 내에서 깃발을 내리고 있다.

을 안보화하고, 정규화하고, 규율하는 데 핵심 역할을 한다. 상황에 어긋나 보일 때 — 깃발이 훼손되고, 내려지고, 불태워지고, 찢길 때 우리는 그제야 깃발에 주목한다 — 분위기는 순식간에 바뀔 수 있고 또 바뀐다. 우리는 그런 대상을 무시할 수도 있지만 사물은 우리의 가시 범위를 넘나드는 경향이 있다. 등한시하든 만지작거리거든 받아들이든 파손하든 간에 사물은 지정학의 인적·비인적 요소가 서로 접하도록 도와준다. 사물이 인간의 실천을 가능하게도 하고 불가능하게도 하며 변형시키는 자체의 행위주체성을 누리지 않는다고 가정할 필요는 없다. 예를 들어 강풍과 기상 이변은 아무런 인적 개입 없이도 깃발을 너덜너덜하게 만들 수 있다.

사물에 대한 초점은 해퍼드 매킨더 같은 학자의 가장 선구적인 관찰에서 출발하여 지정학에 대한 논의를 확대하기 위한 것이다. 그는 철도, 선박, 전신, 모피, 목재, 석탄, 국가와 제국 권력에 필수적이라고 여겨지는 그 밖의 사물의 중요성에 관해 이야기한 바 있다. 해퍼드 매킨더에게 이런 사물은 대체로 인간 행위주체의 통제를 받는 자원이거나 기반 시설이었다. 이를테면 배를 타고 얼음으로 뒤덮인 바다를 횡단하려고 할 때처럼 환경적 요인은 그 사물의 이용을 방해할 수도 있다. 하지만 그동안 사람들은 지정학적 상상과 실천을 풍요롭게 하는 데 사물의 역할에 관해서는 그다지 관심을 보이지 않았다. 하지만 원자폭탄 같은 사물은 미국과 소련의 지정학적 권력을 표현하는 데 어떻게 기여하는가?(상자 14) 보다 최근에 등장한 비판적 형태의 지정학 초점은 어떻게 사물이 지정학적인 것을 구성하면서 한편으로는 사물을 통제하는 인간 능력에서 벗어날 수 있는지를 고려하는 것이다. 그렇다면 지정학의 이전 판본은 지정학적이라고 고려하지 않겠지만 의심의 여지없이 이 주제와 떼려야 뗄 수 없는 사물이 있는가? 따라서 이 장은 장난감, 쓰레기와 같은 반직관적인 사례도 의도적으로 고려한다.

수송관

종종 에너지 안보와 자원지정학의 상징처럼 여겨지는 하나의 사물, 아니 그보다는 일련의 사물로 시작해보자. 바로 수송관이다. 펌프장, 배관, 종착점 등으로 구성된 고도로 복잡한 것이기는 하지만 하나의 사물로서 수송관은 지정학을 엄청나게 생성해왔다. 전문 지식과 장치, 데이터 흐름, 모델링과 모니터링, 보수 및 유지로 뒷받침되는 수송관은 더 폭넓은 기반 시설 네트워크의 일부다.

1970년대 중반에 건설된 알래스카 횡단 송유관(Trans-Alaska Pipeline, TAP)은 세계 최장의 수송관 시스템 가운데 하

상자 14 원자폭탄과 냉전

원자폭탄과 버섯구름 이미지보다 더 아이콘적인 것이 과연 있을까? 원자폭탄이 1945년 8월 일본에 최초로 투하된 뒤 핵무기 보유국으로서 소련의 등장은 1950년 전략적 게임 체인저(strategic game changer, 갑작스레 등장하여 상황 전개를 완전히 바꾸어놓는 뜻밖의 요소 — 옮긴이)였다. 종종 그냥 폭탄(the bomb)이라고도 부르는 핵폭탄은 냉전 문화 내에서 정상적인 것이 되었다. 사진과 영상으로 찍고, 사람들이 그에 관해 글을 쓰고, 이야기하는 대상으로서 말이다. 마셜제도와 같은 세계의 다른 지역에서 핵폭탄은 그야말로 물리적으로 존재했다. 제2차세계대전 이후 비키니 환초는 핵시험장으로 선정되었다. 1946년부터 1958년 사이에 미 공군은 그곳에 67개의 폭탄을 떨어뜨렸고 이는 강제 이주와 장기간의 방사능 중독을 초래했다. 당시 비키니 환초 시험에서 비롯된 사진들이 폭발 이후 솟아오르는 버섯구름이라는 지울 수 없는 이미지를 각인시켰다. 물리적으로 폭발하지 않은 원자폭탄은 군대 열병식부터 박물관과 공개 전시에 이르기까지 다양한 장소에서 보관되고 저장되고 전시되었다. 예를 들어 애리조나를 방문한 사람들은 '미국 최대 핵무기 비밀을 파헤칠' 수 있다고 약속하는 타이탄미사일박물관을 탐방할 수 있다. 1963년부터 1987년까지 타이탄 II 미사일은 소련의 공격 가능성에 맞서 미국 본토를 방어하는 임무를 맡았다. 방문객들은 관제센터를 마음껏 둘러보며 발사과정을 재현해 볼 수 있다 — 장난스럽고 사실에 반하는 일이다. 천만다행으로 그 미사일들은 결코 발사되지 않았다.

나로 알래스카주 북부 프루드호만에서 남부 밸디즈항까지 뻗어 있다. 1973년 석유 위기 여파로 건설된 이 송유관은 미국 에너지 안보가 서아시아 및 나이지리아, 베네수엘라와 같은 그 밖의 지역의 소수 산유국에게 갈수록 의존한다는 불안감에 대한 눈에 띄는 대응이었다. 원유 가격 급등은 그때까지 발견된 것은 물론 앞으로 발견될 프루드호만 유전의 잠재적 가치를 바꾸어놓았는데, 프루드호만에서는 1960년대 후반부터 석유 자원이 발견되기 시작했다.

송유관 건설은 수백 킬로미터에 걸친 혹독하고 변화무쌍한 북극권 풍경과 극한 기후를 견딜 수 있는 엄청난 철제 구조물이 필요했던 만큼 거대한 도전이었다. 1977년부터 송유관을 타고 원유가 흐르기 시작했고 1970년대 후반 이래로 TAP는 150억 배럴이 넘는 원유를 수송했다. 원유 생산과 유통은 알래스카 경제와 미국 에너지 안보 논쟁의 매개변수를 변화시켰다. 하지만 한편으로 송유관은 뜨거운 논쟁거리였고 여론을 분열시켰다. 그러므로 TAP는 글로벌 에너지 변동에 대한 대응책이었지만 하나의 사물로서 수송관 자체는 의견 충돌의 원천이었다. 환경보존론자들에게 TAP는 극한 기후에 시달리는 환경에서 가동되는 대형 건설 프로젝트가 초래하는 누적적 영향을 전혀 고려하지 않은 채 무조건 '석유로 몰려드는(oil rush)' 현상의 전형이었다. 원주민들에게 파이프라인 프로젝트는 광활한 알래스카 풍광에 대형 사물을 설치함으로써 야기되는 결과뿐 아니라 수익 공유에도 무관심한 것으로 비쳤다. 알래스카 북부에서 남부로의 원유 수송으로 누가 혜택을 볼 것인가? 혜택을 보는 것은 알래스카를 제외한 미국 본토 주뿐인 것인가? 1971년 10월 닉슨 대통령은 알래스카 원주민 청구권 타결 법안에 동의했다. 법안은 알래스카 원주민이 수송관 건설 공사로 영향을 받는 지역에서 토지 소유권을 포기하면 미국 정부가 그에 대한 보상으로 9억 달러와 1억 4800만 에이커의 연방정부 소유 토지를 양도할 것이라고 규정했다. 청구권 타결 법안 규정이 관련 지역사회에 배포되었고 그 결과 TAP 프로젝트는 완공되었다.

알래스카 횡단 원유 수송관은 글로벌 에너지 지정학뿐 아니라 연방/국가 층위 정부가 원주민 공동체를 어떻게 취급하는지를 전면에 드러낸 원주민지정학도 낳았다. 1959년 연방에 가입한 이래 알래스카주는 자원 개척지대이자 소련과의 냉전 적대 측면에서 최전선에 있는 고도로 군사화된 공간으로 묘사되었다. 하지만 원주민과 북부에 위치한 지역사회에 대해서는 별다른 관심이 표명되지 않았는데, 이들은 안보와 개발에 '장애물'로 여겨지기 십상이었다. 다양한 형태의 수송관은 알래스카의 지정학을 변화시키고 알래스카 영토와 그곳의 기반 시설이 상상되고 관리되는 방식을 완전히 바꾸어놓았다.

하지만 하나의 복잡한 사물로서 수송관 시스템은 다른 종류의 지정학적 관계와 지정학적 멜로드라마를 만들어낼 수 있다. 2006년에서 2007년 겨울 유럽 미디어는 러시아의 가스 공급과 공급자인 러시아와 시장인 서유럽 사이에 위치한 중심축 국가로서 우크라이나의 역할에 관한 여러 이야기를 쏟아냈다. 가스 가격과 우크라이나측의 지불 부족을 둘러싼 다툼으로 촉발된 공급 차질은 가스 공급이 중단되면 서유럽 가정이 난방 위기에 직면하게 될 것이라는 추측으로 이어졌다. 러시아는 우크라이나가 유럽 소비자들에게 가야 할 2500만 달러어치의 가스 수출량을 '훔쳤다'고 비난했고 몰도바 같은 나라는 러시아 공급 회사인 가스프롬이 부과한 가격을 지불하지 못했기 때문에 공급이 '중단되었다'고 불만을 드러냈다. 유럽 가스관을 보여주는 지도는 수송관 자체의 지정학적 힘과 가스 생산자로서 가스 흐름을 바꾸거나 심지어 차단할 수 있는 러시아의 힘을 강화했다. 수송관을 통해 가능해진 가스 이동이 위태로워 보였다. 우크라이나, 벨라루스와 같이 가스관이 통과하는 국가는 전략적으로 중요한 곳으로 재상상되었는데, 러시아가 공급하는 가스가 그 나라들의 영토 내에 위치한 수송관 기반 시설을 거쳐야 한다는 바로 그 이유 때문이었다.

일부 논평가에게 '가스전쟁'은 전 세계에 자국이 '에너지

초강국'임을 상기시키려고 혈안이 된, 되살아난 러시아를 가리켰고 수송관은 그런 주장의 '증거'로 거론되었다. 가스가 없다면 수송관으로 유럽 시장에 가스를 정기적으로 공급한다는 약속도 깨질 수밖에 없었다. 중국의 일대일로는 수송관이 외교적 교환을 촉진하며 추가적 기반 시설 투자 및 금융투자 패키지와 연결됨을 보여주는 좋은 예인데, 투자 패키지 가운데 일부는 베이징의 아시아인프라투자은행이 자금을 댈 것으로 추정된다.

수송관 같은 사물은 정체성 기반 지정학을 아우르는 광범위한 집합체일 수 있다. 유럽과 러시아의 경우 러시아는 서구 국가에 천연가스의 약 25퍼센트를 공급하며 국가 에너지 조성(組成)에서 러시아 가스 의존도는 모스크바에 가까운 나라일수록 더 높다. 가장 의존도가 높은 국가는 발트 3국, 불가리아, 루마니아와 같은 과거 바르샤바조약기구 국가다. 더 서쪽으로 가면 영국 같은 나라는 노르웨이 가스 공급에 의존한다. 노르트스트림, 야말, 블루스트림 같은 여러 수송관 네트워크가 있다. 사우스스트림이라는 가스관도 건설중인데(현재는 공사가 취소된 상태다—옮긴이), 완공되면 러시아에서 유럽연합 소비자들과 벨라루스, 우크라이나와 같은 그 밖의 국가로 가스를 수송할 네번째 경로가 개통될 것이다. 아드리아해 횡단 수송관 같은 경쟁 수송관 네트워크는 규모가 더 작지만 또

다른 가스 공급 국가인 아제르바이잔이 남유럽 시장에 접근할 수 있게 해준다.

러시아의 수송관 지배는 장기적으로는 유럽 전역의 액화천연가스 종착점에서의 투자와 반(反)경쟁 조치를 통해 러시아 에너지에 대한 과도한 의존을 끊어내려는 유럽연합의 결단으로 저해될 수도 있다. 폴란드 같은 동유럽 국가는 러시아산 천연가스 공급에 대한 의존을 줄이려는 결심의 일환으로 셰일가스 추출을 열렬히 환영했다.

지도

전쟁과 국제적인 분열의 시대에 지도와 지도가 나타내는 장소에 대한 대중적 관심이 가장 크다는 것은 그리 놀라운 일이 아니다. 지도의 힘은 장소와 사람을 복합적인 방식으로 보여줄 수 있는 능력에만 있는 것이 아니라 그만큼 다양한 방식으로 이해되는 능력에도 있다. 베네딕트 앤더슨이 주목한 대로 지도(그리고 식민지나 영토를 붉은색이나 분홍색으로 표시한 영국제국의 지도 같은 표현방식)는 수 세대의 시민들을 형성하고 그들이 세계를 뚜렷한 공간과 지대로 구획하는 데 결정적이었다. 냉전기에 북극 중심 방위도법의 발전은 미국 시민들에게 세계를 바라보는 새로운 방식을 소개했다고 인정되는 데, 북극해를 통해 소련과의 상대적인 지리적 근접성이 강조되었기 때문이다. 더 일반적으로 그런 방위도법은 비행기의 비행경로가 다른 나라와 대륙들과의 지리적 관계와 거리에 대한 감각을 재형성함에 따라 새로운 '항공시대'를 형성했다고 여겨졌다.

하나의 사물로서 지도는 손가락으로 가리킬 수도 있고, 찢어버릴 수도 있으며, 수정할 수도 있고, 감출 수도 있으며, 일반적으로는 국가 권력을 공고히 하거나 도전할 때 이용할 수 있다. 디지털과 아날로그의 다양한 포맷을 사용하는 지도는 지정학 생산에 중요한 역할을 하며 이런 역할은 더 일반적으로 장소를 알려주고 이용자가 길 찾는 것을 도와주는 실용적 가치를 넘어선다. 내부적으로 국가는 개인용 운송 수단, 대중교통을 통한 시민들의 이동과 그들에 대한 데이터를 수집하고, 시가지의 위험 가능성에 대한 지도를 구축하고, 도시와 기반 시설의 향후 개발을 계획하기 위해 근대적 지도 작성 기법을 이용해왔다(제5장에서 언급한 생명 정치적 통치의 일환이다). 기업은 판매 데이터를 수집하고 소셜미디어 회사는 소비자 선호와 습관을 더 잘 파악하고자 개인 정보를 모은다. 디지털 지도 작성은 국가와 기업이 지도학적 권력을 행사하는 방식에 본질적이다.

국가 영토의 가장자리에서 지도는 국가와 국제 체제를 매개하는데, 특히 경계선을 획정할 때 중심 역할을 담당한다. 암석, 나무, 표지판, 철조망 같은 다른 사물도 강이나 산맥 같은 지형지물과 더불어 경계선 표시에 없어서는 안 될 요소다. 16세기 이래 과학적인 지도 제작법이 발전하면서 지도 제작은 국가의 경계를 그리는 데 점차 중요해졌고 지도의 존재는 국경선을 표시하고 안전하게 지키려는 향후의 노력을 더 쉽게 해주었다. 이 과정은 현재 해양 영역에서 빠르게 진행되고 있다. 연안 국가들은 주권이 해저까지 확대될 수 있으리라 예상하며(대양저 위나 밑에 있는 자원에 더 많이 접근할 수 있다는 전망도 품고) 막대한 자금을 투자하여 외해 대륙붕의 지도와 해도를 그리는 작업을 수행하고 있다.

또한 지도는 매우 왕성하게 동시대 지정학을 생산할 수도 있다. 두드러진 예는 수직 차원이 강조된 새로운 국가 지도 한 장이다. 중국 국가측량국(國家測量局) 산하 지도 제작기관인 중국지도출판사(中國地圖出版社)에서 제작한 지도가 2013년 9월에 출간되었다. 이 지도에서 눈에 띄는 점은 한편으로는 이웃 동남아시아 국가들과 다른 한편으로는 북극권 국가들 사이에서 그 존재만으로 불안감을 야기하는 능력이었다.

동남아시아 국가들에게 우려를 자아낸 것은 중국이 남중국해 전역에 전략적 이해관계가 있다고 암시하는 남해 9단선

(Nine-Dash Line)의 도입 그 자체였다. 아홉 개의 짧은 선은 남중국해를 에워싸는 한편, 열번째 선은 타이완을 에워싼다. 최신 중국 여권에는 이 지도가 포함되어 있으며 중국 시민이 해외를 여행할 때마다 물론 그 지도도 함께 이동하는 셈이다(그림 14). 이 지도의 요점은 선언적이다. 중국은 상당한 영토와 자원상의 이익과 권리를 갖고 있으며 그것을 포기하지 않을 것이다.

남중국해는 분쟁이 치열한 해역이다. 다수의 섬이 영유권 분쟁 대상이며 그에 따라 영해, 배타적 경제 수역, 심지어 연장된 대륙붕에 대한 주권 형태로 해양에 대한 온갖 권위 주장이 난무한다. 중국은 필리핀, 베트남, 브루나이, 인도네시아, 말레이시아와 갈등을 빚고 있는 것은 물론 더 북쪽의 센카쿠/댜오위다오 열도를 놓고 일본과도 오랜 분쟁을 이어오고 있다. 지도상에 나타난 그 짧은 선들은 중국이 남중국해 전역으로의 주권 확대를 고려할 수 있다는 것을 암시하는 듯하다. 그 지도는 '경계는 미확정'이라고 인정하지만 말 그대로 불화의 대상이 되었다.

지도 위 '단선'의 모호성은 중국의 현재와 향후 의도와 해양 주권 행사에 관한 지역적 불안감에 기여한다고 주장된다. 마찬가지로 2013년 지도의 수직 투영 기법은 북극권에 대한 상대적인 중국의 지리적 근접성을 강조한다. 2013년 5월 중

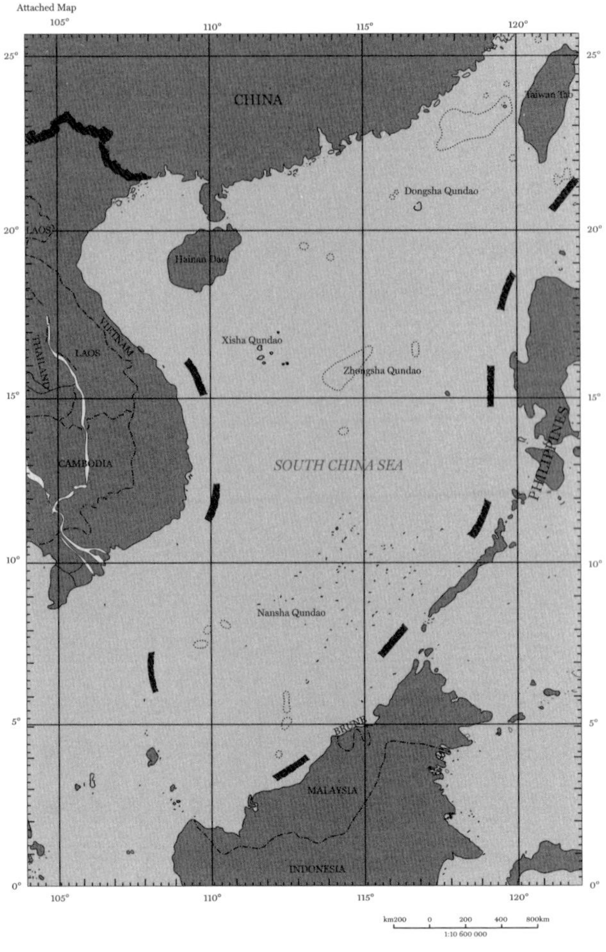

14. 논란이 많은 남해 9단선이 포함된 중국 지도

국은 정부 사이의 포럼인 북극 서클(Arctic Circle)에 참관국 자격으로 초대되었고 공식적으로 자국을 '근(近)북극권 국가'로 묘사한다. 캐나다와 러시아 같은 북극권 국가는 북극권에서 중국의 장기적 의도에 관해 우려한다.

마지막으로 사물로서의 지도는 대항지정학과 대항지도화의 대상이 될 수 있다. 지금까지는 국가와 국가의 지리적 상상과 관련된 매우 전통적인 지도와 지도 제작에 관해 이야기했다. 실험적인 지리학자 트레버 페이글렌(Trevor Paglen)은 다른 종류의 지도화를 시도하며 새로운 지도학적 기술과 애플리케이션(예를 들어 구글 어스)과 시각적 방법론을 사용하는 주목할 만한 사례다. 2001년 테러와의 전쟁이 시작된 이래 트레버 페이글렌은 CIA의 특별 용의자 인도 항공편과 그와 동반하여 요르단, 아일랜드, 카타르, 리비아, 아프가니스탄, 관타나모만(쿠바)을 비롯한 목적지와 중간 기착지 네트워크 같은 다른 비가시적인 대상도 보여주었다. 『급진적 지도학의 지도책*An Atlas of Radical Cartography*』을 비롯하여 예술가, 큐레이터와 협업한 그의 출판물은 미국의 석유 소비, 불법 이민자와 관련하여 유럽연합의 구금 패턴을 보여주는 이미지를 담고 있는 다수의 지도를 고찰한다.

급진적 지도학(radical cartography)이나 대항지도학(counter-cartography)이라는 용어는 다음 두 가지 일을 하기 위함이다. 첫째, (흔히 국가 영토와 국제적/국내적 경계선/관할권에 집착하는) 관습적인 지도가 간과하거나 좀처럼 강조하지 않은 부분을 조명하는 것이다. 둘째, 정치적·지리적으로 말해서 지도로 표시될 만한 가치가 없다고 여겨지는 현상과 관계에 이의를 제기하는 것이다. 그러므로 왜 미국 정부 관계자들이 특별 송환 관련 항공편의 비행경로를 보여주는 공식 지도를 내놓으려고 하지 않는지를 생각해볼 수 있는 한편, 왜 그런 지도가 애초에 그려지지 않는지 질문해볼 수도 있을 것이다. 북아메리카와 유럽의 각국 정부가 불법 이민에 관해 우려를 표명할 때 유럽행 불법 이민자의 실제 수치와 내전, 재난 등의 여파로 파키스탄과 요르단 같은 다른 나라에서 수용해야만 하는 난민의 수치를 대치할 수도 있다. 그런 지도는 주류 지정학 논쟁에서 무시되거나 주변화되는 데이터 소스를 사용하기도 한다.

지도가 유능한 예술가/기술자가 손으로 그리는 것이라기보다는 갈수록 지리 정보 시스템의 산물이라고 여겨지면서 디지털 도구로서의 지도는 그 어느 때보다 잠재적으로 더 광범위하게 이용 가능하다. 예술가들은 더 일반적으로는 시민들과 더불어 자신들만의 지도를 개발하고 있으며 이런 가상 사물은 실세계와 상호작용하고 있다. 하지만 지도는 어떤 것을 희생시켜가며 다른 어떤 것을 부각할 수 있기 때문에 계속해서 강력한 힘을 발휘한다. 트레버 페이글렌과 다른 사람들의 작업은 지도가 국가 권력의 발현이나 사물이라는 관념에 도전하는 일이다. 시민 지도 제작(citizen mapping)은 국가 공인 지도와 데이터 분석에 도전하는 데 대단한 영향력을 발휘하고 있다. 그러므로 여기서 의미심장한 것은 디지털 지도의 재현적 특성(다시 말해 실제 내용)만이 아니라 범례, 축적 등으로 공식 지도의 물질적 특성을 흉내낸다는 점이다. 매핑 소프트웨어와 오픈소스 데이터(공개 출처 자료)의 광범위한 사용 가능성은 시민과 비국가 행위자가 자신만의 지도를 제작하고 지도 제작에 대한 국가 지배에 도전할 수 있는 능력을 급격하게 변화시켰다. 예를 들어 2013년에 설립된 드론스타그램(dronestagr.am)은 지리 참조(geo-referenced, 지리 좌표계에 표시될 수 있는—옮긴이) 자료를 비롯하여 사용자가 드론 이미지를 공유할 수 있는 사이트다. 이 같은 사진, 비디오, 이미지 공유 사이트는 국가적·국제적 영토의 지도와 대항 지도를 그리고 국가가 누려온 전통적인 지도 제작 독점에 도전할 더 많은 기회를 제공한다.

쓰레기

쓰레기는 지정학에 관해 무엇을 말해줄 수 있을까? 미국과 멕시코 접경지대에서 일하는 사람들에게 물병, 신발, 의약품, 신원 증명 서류와 같은 사물은 미국으로 들어오기 위한 필사적인 시도로 반건조 사막지대를 횡단하고자 하는 사람들의 절박한 사정을 내밀하게 엿볼 수 있게 해준다. 지리학자와 정치학자를 비롯한 많은 저자에게 쓰레기 자체는 국경 보호와 규제를 이해하는 데 접경지대를 둘러싼 환경적 상황이 핵심임을 사유하는 하나의 방법이 된다. 1990년대 중반 이래 미국 정부는 불법 국경 통과를 더 열악하고 접근하기 어려운 접경지대, 특히 주로 산악지대와 사막으로 이루어진 곳으로 이동시키는 의도적인 전략을 추구해왔다. 이런 '자연 장벽'의 결과로 불법 이민자가 다니는 길은 야생동물 보호구역과 국립공원을 가로지를 가능성이 더욱 커졌고 이는 이민자의 생존 가능성뿐 아니라 생태계에도 파급효과를 가져온다. 접경지대에 관해 연구하고 작업하는 사람들은 불법 이민자가 국경을 넘다가 버리거나 아니면 그냥 잃어버렸을 훨씬 더 다양한 종류의 물건을 찾아낸다. 한편으로는 그 쓰레기의 존재에 시민 단체가 나서서 조직적으로 청소 작업을 한다. 다른 한편으로는 인권 활동가들이 버려진 물병의 존재로 혹독한 환경에서 점점 더 많은 수의 이민자가 탈수로 사망하고 있다고 지적하며, 그런 현실은 불법 이민을 억제하려고(아니면 더 나쁘게 말해 잘 알려진 국경 통과 지점 가까운 곳에 국경 보호 기반 시설을 강화함으로써 더 많은 인명 손실을 조장하도록) 고안된 국경안보 전략의 소산임을 주장한다. 그리하여 이런 사물은 불법 이민과 국경안보 관행의 부작용을 증거로 남기는 한 방식이 된다. 프란시스코 칸투(Francisco Cantú)와 같은 국경 순찰관의 근래의 회고록은 국경을 넘으려다 죽은 사람들의 썩어가는 유해 옆에서 발견된 쓰레기를 묘사함으로써 독자를 더욱 가슴 아프게 한다. 『선은 강이 된다*The Line Becomes a River*』(2018)에서 프란시스코 칸투는 독자들에게 국경지정학과 그와 관련된 이민 통제의 비극적 결과와 공모의 실상을 낱낱이 밝힌다.

하지만 쓰레기는 다른 방식으로 끼어들어 지정학을 생산하기도 한다. 쓰레기 투기는 장소와 공동체가 권력의 회로에 어떻게 끼워넣어져 있는지에 관해 무엇을 말해줄 수 있을까? 악명 높은 사례 하나는 2006년 아프리카 코트디부아르에 심한 유독성 폐기물을 투기했다는 혐의를 받은 네덜란드 트라피구라 회사다. 추후 현지의 한 폐기물 처리 회사가 폐기물을 안전하게 처리하는 대신 불법적으로 버렸다고 고발당했다. 쓰레기 불법 투기 결과로 의심되는 사망과 질병 사례가 보고되면서 논란은 심화되었다. 트라피구라는 코트디부아르 정부에 피해 보상을 해야 했다. 이 사례를 더 악명 높은 사건으로 탈바꿈시킨 것은 유독성 폐기물 투기에 관한 언론사들의 보도를 막고 이 사건이 기업의 부정행위와 인권 침해를 드러낸다는 주장에 반발하는 보도 금지 가처분 신청을 비롯하여 지루하게 이어진 법정 분쟁이었다. 게다가 폐기 처분의 지리학은 논란에 더욱 기름을 부었다. 얌체처럼 서아프리카 국가를 고른 것은 유럽 주민들에게 직접적으로 영향을 주지 않게 하려는 의도적인 선택이자 네덜란드 같은 나라에서 훨씬 비용이 많이 들어가는 폐기물 처리 공정을 회피하려는 전략이라는 냉소적인 반응을 불러일으켰다. 이런 형태의 폐기물이 제기하는 건강상의 위험 부담은 다른 지역으로 전가되었다. 2012년 11월 회사는 벌금과 일괄적 보상금을 지불하기로 네덜란드 관계 당국과 합의했다.

폐기물의 지정학은 종종 생산, 운송, 처분, 재활용으로 이루어진 초국가적이고 다차원적이며 불균등한 활동을 가리킨다. 트라피구라 스캔들이 보여주듯이 여기에는 회사, 지역사회, 정부, 미디어, 비정부기구 등 다수의 행위자가 개입되어 있다. 하지만 '폐기물'과 '쓰레기'는 때때로 기회도 제공한다. 화물이 종종 컨테이너 형태로 (사고 아니면 고의적으로) 선박, 비행기, 트럭에서 떨어져 해변처럼 사람이 접근할 수 있는 곳에 남게 되고 현지 주민들이 그 컨테이너에서 물건을 '회수'할 기회를 얻게 되는 긍정적인 사례를 생각해보면 된다. 우발적인 쓰레기는 운송 사고의 경우 다른 사람들이 그런 표착 화물로부터 혜택을 보는 기회가 된다.

더 해로운 사례는 1986년 4월 우크라이나에 있던 발전소의 원자로가 폭발하면서 일어난 체르노빌 사고와 관련된 방사능 낙진과 폐기물일 것이다. 참사 여파로 우크라이나 민족주의자들은 모스크바의 러시아/소련 엘리트 집단을 상대로 관리와 유지 부실에 대한 성난 민심과 공분을 이끌어냈다. 체르노빌 참사는 우크라이나 생태민족주의를 드러내고 소련 시절의 무능에 대한 비판을 집결하는 계기가 되었다. 폐기물의 지정학은 지상의 사안만도 아니다. 오존층 파괴 원인으로 지목되는 오염물질 같은 대기 폐기물도 있고 우주 공간 잔해물도 있다. 1990년대 중반 주요 행위자(예를 들어 유럽, 미국, 중국, 인도, 일본, 러시아)를 포함한 정부 사이의 국제우주쓰레기조정위원회가 수립되었지만 위원회의 권고 사항을 따르는 것은 의무가 아니다. 우주 쓰레기는 우주 충돌 가능성을 제기했고 잔해물의 움직임을 감시하고 추적할 국가적 역량을 강화하기 위한 우주 감시 프로그램에 대한 투자가 늘어나고 있다. 하지만 충돌은 실제로 일어나며 2009년 2월 러시아와 미국 위성이 충돌했다. 위성활동은 극도로 민감한 문제이기에 두 나라는 데이터를 공유하거나 조정하지 않았다. 외계 우주활동을 위한 행동 강령을 제정하려는 유럽연합의 시도(2010년부터 제안해왔다)는 여전히 의견 차이에 발목이 잡혀 있다. 대다수의 당사국은 우주 쓰레기가 문제임을 인정하지만 우주 쓰레기 문제를 어떻게 다룰지, 쓰레기 문제를 경감하기 위한 조치가 구속적이어야 하는지에 관해 중국, 러시아, 미국이 합의에 이르지 못할 것 같다는 우려가 있다. 잔해물이 현재의 위성활동을 더 심하게 방해하는 것으로 드러난다면 이런 교착 상태는 물론 바뀔 수 있다. 더 많은 충돌 사고가 일어난다면 우주 쓰레기에 대한 더 구속적인 협정을 시행하도록 관심을 재촉할 것이다.

액션 완구

비판지정학의 최근 작업은 장난감과 유희적인 관행과의 접점을 적절히 강조하면서 '유희지정학(ludic geopolitics)'이라는 분야를 다룬다. 장난감은 군국주의 및 전쟁과 오랜 관계를 맺어왔다. 장난감은 예나 지금이나 신병 모집활동, 장비 디자인과 시험에 활용되고 군사 행위를 합법화하고 정당화하기 위한 사물로 이용된다. 냉전기에 딩키 같은 장난감 회사에서 제조한 로켓과 탱크 장난감은 지구 곳곳에 위치한 무기 시스템의 축소된 버전을 어린 시민들의 머릿속에 심어주도록 설계되었다. 어린이 놀이를 연구하는 학자들이 보여주었듯이 군사 테마의 장난감은 '우주 경쟁'을 비롯하여 냉전 절정기에 자란 어린이 세대에게 대량 살상 무기를 이해할 수 있도록 하는 데 도움을 주었다.

1960년대 중후반에 태어난 세대에게 액션 피겨(figure)의 도입은 특히 사내아이들에게(하지만 전적으로 그들에게만 해당되지는 않는다) 크게 다가온다. 미국에서는 해즈브로사가 1964년에 지아이 조(GI Joe)를 출시했고 2년 내에 영국 장난감 제조사 팰리토이는 액션맨(Action Man)을 내놓았다. 두 회사의 장난감 병사는 이전의 금속 버전 피겨와는 확연히 달랐다. 관절 인형으로 설계된 그 장난감은 태라 우디어(Tara Woodyer)의 연구가 시사하듯이 위험 부담이 큰 사업적 모험이었다. 그전까지 그런 인형은 여자아이들과 그들의 놀이 기반 행위를 연상하게 했고 특히 마텔사의 엄청나게 인기 있는 바비 인형이 대표적이었다. 지아이 조 세트는 더 '수동적인' 바비 인형과 차별화를 위해 '액션' 피겨로 홍보되었다. '액션맨'의 디자인은 매우 유연하게 움직이고, 다양한 형태로 옷을 입히고, 장비를 착용할 수 있다는 의미에서 의도적이었다. 1970년대 영국에서 성장한 어린 시절의 나에게 액션맨은 곱슬곱슬한 머리카락과 얼굴에 흉터가 있는 모습으로 다가왔고 점차 늘어나는 각종 무기와 장비를 쥘 수 있는 손이 딸려 있었다. 여러 복장과 탈것을 고를 수 있었던 나와 형제는 (겨울에는) 침실과 (여름에는) 정원에서 훨씬 더 정교한 전투와 모험 시나리오를 지어낼 수 있었다. 우리의 액션맨 인형들은 집 다락에 처박혀 있는 신세이기는 해도 지금까지 남아 있다. 그 시절을 되돌아볼 때 놀라운 점은 특징적인 AK-47(1947년형 칼라시니코프 자동소총—옮긴이, 상자 15)으로 무장한 소련/바르샤바조약기구의 적군들보다 1940년대 독일군이 더 연상되는 적군을 상상했다는 사실이다.

액션맨 피겨의 발전에서 흥미로운 점은 그 디자인과 소비자 인기가 변화무쌍한 역사를 겪었다는 사실이다. 그때는 '액션우먼'이 없었고 장비와 제복은 실제 영국군의 것을 기반으로 했다.

나의 액션맨 피겨는 모두 백인이었지만 1970년대에는 코만도 톰 스톤이라는 흑인 액션맨도 구입할 수 있었다. 영국군 관계자들은 장난감 제조업체의 초대를 받아 인형 디자인에 관해 자문했다. 서유럽 내에서는 변종도 있었다. 냉전기 동안 독일식 변종은 노골적으로 군사화되지 않았고 독일판 액션 피겨는 유엔평화유지군 복장과 장비를 장착했다. 미국에서 지아이 조는 베트남전쟁 동안 인기가 떨어졌고 1980년대 로널드 레이건 대통령이 등장한 이후에야 그 브랜드는 '진짜 미국 영웅(Real American Hero)'으로 재출시되었다.

변화를 거듭하는 냉전기 지정학적 긴장은 이들 특정 장난감의 등장과 유통에 일정 역할을 했다. 액션맨은 1993년에서 1994년에 브랜드 이미지를 쇄신하여 재출시되었지만 군인

상자 15 AK-47 자동소총

지정학에서 사물로서 무기의 중요성을 대표하는 총을 하나 꼽으라면 단연 AK-47 돌격소총이 1순위일 것이다. 1945년에서 1946년에 미하일 칼라시니코프가 설계, 개발한 이 총은 소련과 바르샤바 조약기구 회원국 군대의 공식 소총이 되었을 뿐 아니라 세계 곳곳으로 널리 유통, 배포되었다. 값싸게 제조할 수 있고, 가벼워서 휴대하기 좋으며(그래서 어린이들도 사용할 수 있는 무기), 유지가 간편한 AK-47은 무수한 군대와 범죄 집단, 혁명운동 세력이 선택한 무기였다. 총은 국경을 넘나들며 막대한 규모로 밀반입되었고 그 디자인은 중국과 이스라엘을 비롯하여 다른 제조업체에 의해 널리 복제되었다. AK-47은 상징적으로 헤즈볼라 같은 비국가 행위자의 깃발과 부르키나파소(1984~1997) 같은 국가의 문장에 채택되었다.

인형이라기보다는 액션 어드벤처 인형에 가까웠다. 액션맨은 2009년 유럽 전승 기념행사에 맞추어 원래의 군사적 뿌리로 복귀했다. 영국군 시리즈(HM Armed Forces)의 전쟁 장난감 디자인과 홍보에는 영국 국방부의 공식 허가를 받아 군 관계자가 적극 참여하고 협력했다. 이 장난감들의 마케팅은 복장과 장비 디자인에서 고도의 사실주의를 강조한다. 그것은 2001년부터 2015년 사이에 아프가니스탄과 이라크에서 영국군의 작전 수행이 언론에 대대적으로 보도되는 동안 아동 잡지와 텔레비전 광고를 통해 적극 홍보되었다.

영국군 시리즈의 상업적 인기는 부분적으로는 (인터넷 포럼에서 다수의 품평가가 지적한 바와 같이) 우수한 인형 디자인 덕분이지만 한편으로는 영국군에 다시 매료되는 것이라고 할 만한 현상을 가리킨다. 모든 영국 시민이 공유하는 정서는 아니지만 귀환병 퍼레이드, '영웅들을 돕자' 자선활동과 각종 기념행사, 그리고 특히 아프가니스탄에서 영국군 관계자의 활약을 조명하기 위한 대중음악행사를 포함한 그 밖의 활동을 포함하여 '병사들을 응원'하는 캠페인이 급증했다. 영국군 시리즈 액션 피겨 같은 장난감으로 하는 놀이는 완장과 같은 다른 무수한 사물 가운데에서도 군사활동과 보다 일반적으로는 군국주의를 익숙하고 정상적인 것으로 가정에서 받아들이도록 기여하는 측면에서 한층 흥미롭다. 하지만 이런 장난감은 항의와 반대의 대상이 될 수도 있으며 장난감, 군국주의, 지정학적 문화 사이의 관계는 결코 단순 명쾌하지 않다는 점을 유념하는 것이 중요하다.

지정학 사물화하기

사물과 보다 일반적으로 물질문화를 다루는 이 장은 지정학이 근본적으로 사물과 그것으로 우리가 하는 일에 관한 것임을 인식하려는 시도다. 우리는 지도, 기념비, 기념품 같은 국가의 더 공식적인 구조물을 생각할 수도 있지만 우리가 사물로 사고하도록 돕는 사례는 충분하다(그림 15). 사물은 다양한 방식으로 운용된다. 사물은 말을 듣지 않을 수도 있으며, 따라서 인간 행위주체를 부추기거나 좌절하게 하거나, 심지어 가로막을 수도 있다. 깃발은 찢어지고, 총은 막혀서 고장나고, 등록 장치는 말을 듣지 않고, 액션맨은 아이들이 함부로 다루면 망가지고, 컨테이너는 전 세계의 무역품 대신 아프가니스탄의 수감자들을 실어나르는 데 이용된다. 사물이 지정학에 제기하는 도전 가운데 일부는 고려할 만한 물건이 너무 많다는 것과 이전에는 주변적이거나 하찮거나 진부하게 여겨졌을 만한 것이 별안간 '지정학적'으로 바뀌는 사례가 많다는 것이다. 북극해 한복판에서 발견된 미세플라스틱은

15. 아르헨티나 우수아이아에 있는 말비나/포클랜드 전쟁 전사자 추모비

많은 이에게 '행동에 나서라'라는 하나의 호소가 되고 머나먼 공간을 관심이 시급한 지역으로 재상상하게 만들 수도 있다.

사물과 그에 상응하는 지정학의 물질문화는 마땅히 더 큰 관심을 받아야 한다. 더 심도 깊은 분석은 사물의 모양, 질감, 형태를 더 고려할 것이고 이런 물적 특징이 지정학과 지정학적 관계에 어떻게 중추적 역할을 하는지를 고려할 것이다. 포퓰리즘적 지도자들은 동포 시민들이 수입산 대신 국내산을 구입하기를 바란다. 자동차, 식품과 같이 영국, 미국, 프랑스산 제품을 구입하는 행위는 지정학적이고 지리경제학적인 긴장의 순간에 의미심장해진다. 구매는 애국심의 표현이 된다. 경제민족주의는 세계에 대한 특정한 지정학적 이해를 전제로 한다. 국내 일자리는 외국 노동력과 국제 투자로부터 보호가 필요하며 시민들은 '일반 국민'을 지지하기 위해 현지에서 생산된 제품을 선호해야 한다. 그리하여 '외국산 물건'은 분노, 심지어 파괴적인 광란의 표출을 이끌어낼 수도 있다.

다시 말해 지정학이 우리 삶에 언제 스며들지는 알 수 없다.

감사의 말

고맙게도 제3판의 출간에 동의해준 옥스퍼드대학출판사의 동료들에게 감사드린다. 앤드리아 키건, 제니 너기, 리베카 달리, 댄 하딩, 질리언 노스컷 라일스를 비롯하여 매우 짧은 입문서(VSI) 시리즈 작가들을 줄곧 지원하고 페스티벌과 그 밖의 행사에서 발언할 수 있는 기회를 마련해준 멋진 팀에게 진심으로 고마움을 전한다. 옥스퍼드 문학 페스티벌과 첼트넘 문학 페스티벌에 참석하는 일은 자신의 저작이 여러 언어로 번역되는 것을 지켜보는 일만큼 크나큰 특권이었다. 감사하다.

제3판을 위한 새로운 글을 쓰는 동안 불쾌하고 예상하지 못한 자료들은 슬프게도 전혀 부족하지 않았다. 이를테면 도널드 트럼프 대통령의 당선, 영국의 유럽연합 탈퇴 결정, 이민자 위기, 원주민들의 투쟁, 기후 변화, 무역 및 자원 갈등, 민족주의의 전 세계적인 부활, 도시 분노와 종족적 증오, 정체성 정치, 국경 분쟁과 불법 점유, 소셜미디어 조작 등이다. 비록 독자들이 나의 접근법에 동의하지 않을지라도 나는 우리가 위치, 근접성, 물리적 지리와 같은 지리적 요인으로 미리 결정되어 있다거나 심지어 '갇혀 있다'는 견해에 동의하지 않는다.

런던대학 로열홀러웨이의 (과거와 현재의) 많은 동료에게 감사드린다. 25년 정도가 지난 지금 그곳은 여전히 연구하고 가르치는 데 놀랍도록 생산적이고 보람 있는 장소다. 너무 많아 일일이 열거하기 힘들지만 예리한 사고와 커다란 후의의 저수지 역할을 하는 더 넓은 지정학자 공동체도 있다. 그중에서도 특히 기꺼이 이 제3판을 검토해준 싱가포르대학 즈위안 원 부교수와 편집상의 도움을 준 케임브리지대학 앨릭스 제프리 박사에게 감사함을 전한다. 마지막으로 2017~18학년도 방문 연구원으로 편의를 봐준 옥스퍼드대학 세인트존스 칼리지의 학장과 연구원들에게도 감사드리고 싶다. 덕분에 그곳에서 지내는 동안 나를 초대해준 이언 클린크 부교수와 지정학적 문제들을 논의할 수 있었다.

마지막으로 독자들이 없었다면 이 제3판이나 번역판들은

나오지 못했을 것이다. 일부 독자가 자신과 생각이 근본적으로 다르다는 것을 알게 될 때조차도 모든 저자는 언제나 피드백이 고맙기 마련이다. 독자 여러분께 감사드린다.

이 책의 제3판 역시 짧은 생애 동안 우리에게 크나큰 기쁨을 선사해준 아들 시어에게 바친다. 자식을 잃은 사람이라면 상실감이 얼마나 괴롭고 오래가는지 알 것이다. 아내 캐럴린이 곁을 지켜준 덕분에 인생의 가장 어두운 나날을 헤쳐나갈 수 있었다.

저자 후기

21세기 지정학은 모든 국가와 공동체에 영향을 미치는 일련의 압력, 즉 인구 증가(2100년에 이르면 최소 100억 명), 자원 소비, 기후 변화, 불평등 등으로 형성될 가능성이 크다. 이런 거대 조류 외에도 국제 체제의 중심 원칙 일부는 '공허해지고' 있다. 내부와 외부를 명확히 규정하는 것은 둘째치고 그 구분을 유지하기도 어려워짐에 따라 국민국가는 영토에 주권을 행사하는 데 어려움을 겪는다. 정치, 노동, 문화, 경제, 정보의 지구화된 패턴은 민족 문화와 명확한 국경선 보호 및 보존과 함께하기 어렵다. 포퓰리즘적 지정학은 당연히 이런 지정학적 도전에 대한 반응이지만 기후 변화에 직면하여 더 집단적인 행동에 나서라는 요구에 저항하는 것과 같은 다른 반웅들도 있다.

2015년 파리 협정에서 탈퇴하기로 한 트럼프 대통령의 결정은 이 협정이 미국에 경제적으로 불리할 것이라는 가정이 전제되어 있었다. 하지만 비판가들이 보기에 더 진보적인 형태의 환경지정학을 추구하려면 인간이 너무나 오랫동안 자연을 값싼 자원으로 취급해왔고, 이를 통해 지금까지 대체로 지속 불가능하고 파괴적인 방식으로 엄청난 사회-경제적 변화가 가능했음을 인정해야 한다. 지금까지 지구의 생태학적 서비스 덕분에 에너지 추출부터 식량 생산과 산업화에 이르기까지 지정학적 힘이 여러 형태로 표현될 수 있었다.

그러므로 이렇게 변화하는 지정학의 의미를 이해한다는 것은 지정학의 공식적·실용적·대중적 표현이 여러 규모에서 어떻게 작동하고, 방대한 쟁점을 다루고, 광범위한 현장에서 드러나고, 시간에 걸쳐 변화하고, 공식적인 권력 회랑과 더불어 일상생활에서 등장하는지를 이해하는 일일 터다. 지정학을 분석하고 이해하는 방식은 우리가 주변세계를 느끼고, 경험하고, 듣는 방식에 관해 많은 것을 드러낸다.

좋든 싫든 우리 모두는 지정학의 생산자, 거래자, 수용자다.

참고문헌

1장

T. Marshall, *Prisoners of Geography* (Penguin, 2015).

D. Massey, *For Space* (Sage, 2005).

W. R. Mead, 'The Return of Geopolitics', *Foreign Affairs* (May/June2014) https://www.foreignaffairs.com/articles/china/2014-04-17/return-geopolitics (accessed 17 April 2019).

J. Seahill, *Dirty Wars: The World is a Battlefield* (Nation Books, 2013).

E. Said, *Orientalism* (Penguin, 1978).

2장

I. Bowman, 'Geography v. Geopolitics', *Geographical Review*, 32 (1942), 646-58.

R. O'Brien, *End of Geography* (Routledge, 1992).

G. Ó Tuathail, *The Geopolitics Reader* (Routledge, 2006), 1.

F. Sondern, 'The Thousand Scientists behind Hitler', *Readers Digest*, 6 (1941), 23-7.

E. Walsh, *Total Power* (Doubleday, 1948), 21.

H. Kissinger, *The White House Years* (Little, Brown, 1979), 598, and his comments about Chile are available at: http://en.wikipedia.org/wiki/Chilean_coup_of_1973 (accessed 17 April 2019).

G. Chesney, *The Battle of Dorking* (Lippincott, Grambo & Co., 1871).

E. Childers, *Riddle of the Sands* (Smith, Elders & Co., 1903).

T. Mahan, *The Influence of Sea Power upon History 1660–1783* (Little, Brown & Co., 1898).

F. Ratzel, *The Sea as a Source of the Greatness of a People* (R. Oldenbourg, 1901).

S. Cohen, *Geography and Politics in a Divided World* (Oxford University Press, 1963).

T. Snyder, *Blood Lands* (Vintage, 2011).

3장

J. Agnew, *Globalization and Sovereignty* (Rowan and Littlefield, 2017).

W. Brown, Walled States, *Waning Sovereignty* (MIT Press, 2014).

J. Nye, 'The Decline of America's "Soft Power"', *Foreign Affairs*, 83 (2004), 20.

D. Runciman, *How Democracy Ends* (Profile Books, 2018).

4장

J. Agnew, *Making Political Geography* (Arnold, 2002).

W. Connelly, *Identity/Difference* (University of Minnesota Press, 2002).

5장

M. Billig, *Banal Nationalism* (Sage, 1995).

C. Ng, *Everything I Never Told You* (Blackfriars, 2014).

T. Paglen, *An Atlas of Radical Cartography* (Journal of Aesthetics and Protest Press, 2007).

6장

F. Cantú, *The Line Becomes a River* (Bodley Head, 2017).

D. Miller, *Stuff* (Polity, 2009).

독서 안내

지정학적 주제와 관련하여 웹에서 얻을 수 있는 다량의 정보는 변화가 심하고 수준이 천차만별이다. 지면과 온라인으로 지정학적 관심사를 다루는 영국과 미국의 정기간행물로는 〈이코노미스트The Economist〉, 〈스펙테이터The Spectator〉, 〈뉴스테이츠먼New Statesman〉, 〈내셔널 인터레스트The National Interest〉, 〈애틀랜틱The Atlantic〉, 〈프로스펙트Prospect〉, 〈디센트Dissent〉, 〈포린 폴리시Foreign Policy〉 등이 있다. 이 잡지들 다수는 블로그도 활발히 운영하고 있으며 〈복스Vox〉, 〈허핑턴 포스트Huffingtion Post〉, 〈폴리티코Politico〉, 〈디플로맷The Diplomat〉, 〈더힐The Hill〉, 〈슬레이트Slate〉, 〈데일리코스Daily Kos〉 같은 다른 온라인 매체도 있다. 〈지정학Geopolitics〉, 〈영토Territory〉, 〈정치와 통치Politics and Governance〉, 〈정치지리Political Geography〉 같은 학술지는 지정학적 분석 연구를 정기적으로 발표한다. 지정학 입문서로는 콜린 플린트(Colin Flint)의 『지정학이란 무엇인가*Introduction to Geopolitics*』(Routledge, 2016)를 비롯하여 훌륭한 책이 몇 권 있고 더 고전적인 형식의 저술로는 제러미 블랙(Jeremy Black)의 『지정학과 지배의 추구*Geopolitics and the Quest for Dominance*』(Indiana University Press, 2015)가 있다.

보다 일반적인 차원에서 구글 같은 검색엔진은 지정학이라는 용어를 더 탐구해볼 충분한 기회를 제공한다. 물론 영어권 바깥에도 풍부한 지정학적 담론이 존재한다는 사실을 유념해야 한다.

1장

J. Agnew, *Globalization and Sovereignty* (Rowman and Littlefield, 2017).

D. Armitage, *Foundations of Modern International Thought* (Cambridge University Press, 2013).

J. Black, *Geopolitics and the Quest for Dominance* (University of Indiana Press, 2015).

D. Dixon, *Feminist Geopolitics* (Routledge, 2016).

K. Dodds, M. Kuus, and J. Sharp (eds), *The Ashgate Research Companion to Critical Geopolitics* (Ashgate, 2013).

C. Enloe, *Bananas, Beaches and Bases: Making Feminist Sense of International Politics* (University of California Press, 2014).

C. Flint, *Introduction to Geopolitics* (Routledge, 2016).

G. Ó Tuathail, *Critical Geopolitics* (Routledge, 1996).

S. Smith and R. Pain (eds), *Fear: Critical Geopolitics and Everyday Life* (Routledge, 2016).

2장

M. Bassin and G. Pozo (eds), *The Politics of Eurasianism: Identity, Popular Culture and Russia's Foreign Policy* (Rowman and Littlefield 2017).

B. Blouet, *Halford Mackinder* (University of Texas Press, 1987).

I. Bowman, *The New World* (World Company, 1921).

S. Cohen, *Geopolitics: The Geography of International Relations* (Rowman and Littlefield 2014).

K. Dodds and D. Atkinson (eds), *Geopolitical Traditions* (Routledge, 2000).

T. Garton Ash, *Free World* (Random House, 2004).

P. Giaccaria and C. Minca (eds), *Hitler's Geographies* (University of Chicago Press 2016).

D. Haraway, *Primate Visions* (Routledge, 1989).

G. Kearns, *Geopolitics and Empire: The Legacy of Halford Mackinder* (Oxford University Press, 1998).

S. L. O'Hara and M. Heffernan, 'From Geo-strategy to Geo-economics: The "Heartland" and British Imperialism before and after Mackinder', *Geopolitics*, 11/1 (2006), 54–73.

G. Parker, *Geopolitics: Past, Present and Future* (Pinter, 1998).

W. Parker, *Mackinder: Geography as an Aid to Statecraft* (Oxford

University Press, 1982).

J. Sharp 'A Subaltern Critical Geopolitics of the War on Terror: Postcolonial Security in Tanzania', *Geoforum*, 42 (2011): 297 – 305.

3장

J. Agnew, *Hegemony: The New Shape of Global Power* (Temple University Press, 2005).

J. Agnew and S. Corbridge, *Mastering Space* (Routledge, 1995).

O. Bullough, *Moneyland* (Profile Books, 2018).

P. Dicken, *Global Shift* (Sage, 2014).

T. Friedman, *The World is Flat* (Farrar, Straus and Giroux, 2005).

G. Gong, *The 'Standard of Civilization' in International Society* (Oxford University Press, 1984).

D. Harvey, *A Brief History of Neoliberalism* (Oxford University Press, 2007).

S. Krasner, *Sovereignty: Organised Hypocrisy* (Princeton University Press, 1999).

P. Mirowski, *Never Let a Serious Crisis Go to Waste: How Neo-Liberalism Survived the Financial Meltdown* (Verso, 2013).

S. Nye, *Soft Power* (Public Affairs, 2004).

N. Smith, *American Empire* (University of California Press, 2003).

M. Steger, *Globalization: A Very Short Introduction* (Oxford University Press, 2017).

J. Stiglitz, *Globalization and its Discontents* (Penguin, 2017).

R. Wilkinson and K. Pickett, *The Spirit Level: Why Equality is Better for Everyone* (Penguin, 2010).

4장

G. Agamben, *State of Exception* (Chicago University Press, 2005).

R. Bleiker (ed.), *Global Visual Politics* (Routledge, 2018).

S. Carter and K. Dodds, *International Politics and Film* (Columbia University Press, 2014).

F. Debrix, *Tabloid Terror: War, Culture and Geopolitics* (Routledge, 2007).

D. Holloway, *9/11 and the War on Terror* (Edinburgh University Press, 2008).

M. Power and A. Crampton (eds), *Cinema and Popular Geopolitics* (Routledge, 2006).

R Saunders and V. Strukov (eds), *Popular Geopolitics* (Routledge, 2018).

J. Sharp, *Condensing the Cold War* (University of Minnesota Press, 2000).

T. Snyder, *The Road to Unfreedom* (Bodley Head, 2018).

C. Weber, *I am an American: Filming the Fear of Difference* (Intellect, 2012).

5장

M. Billig, *Banal Nationalism* (Sage, 1995).

G. Dijkink, *National Identity and Geopolitical Visions* (Routledge, 1996).

M. Doel, *Geographies of Violence* (Sage, 2017).

D. Gregory, *The Colonial Present* (Blackwell, 2004).

S. Huntington, 'The Clash of Civilisations', *Foreign Affairs*, 72 (1993), 22–49.

G. Matthews and S. Goodman (eds), *Violence and the Limits of Representation* (Palgrave Macmillan, 2013).

D. Moisi, *The Geopolitics of Emotion* (Bodley Head, 2009).

E. Said, 'The Clash of Ignorance', *The Nation* (22 October 2001).

A. Smith, *Chosen Peoples* (Oxford University Press, 2003).

6장

A. Barry, *Material Politics: Disputes along the Pipeline* (Wiley-Blackwell, 2013).

J. Bennett, *Vibrant Matter: A Political Ecology of Things* (Duke University Press, 2010).

J. Dittmer, *Diplomatic Material* (Duke University Press, 2017).

D. Gregory and A. Pred (eds), *Violent Geographies* (Routledge, 2006).

D. Miller, *Stuff* (Polity, 2009).

M. Monmonier, *How to Lie with Maps* (University of Chicago Press, 1996).

S. Turkle (ed.), *Evocative Objects: Things We Think With* (MIT Press, 2011).

도판 목록

지정학

GEOPOLITICS

초판 1쇄 인쇄 2023년 10월 23일
초판 1쇄 발행 2023년 11월 1일

지은이 클라우스 도즈
옮긴이 최파일

편집 박민영 김윤하
디자인 강혜림
저작권 박지영 형소진 최은진 서연주 오서영
마케팅 김선진 배희주
브랜딩 함유지 함근아 김희숙 고보미 박민재 정승민 배진성
제작 강신은 김동욱 이순호
제작처 한영문화사(인쇄) 한영제책사(제본)

펴낸곳 (주)교유당 **펴낸이** 신정민
출판등록 2019년 5월 24일 제406-2019-000052호
주소 10881 경기도 파주시 회동길 210
전자우편 gyoyudang@munhak.com
문의전화 031-955-8891(마케팅)
031-955-2680(편집)
031-955-8855(팩스)

페이스북 @gyoyubooks
트위터 @gyoyu_books **인스타그램** @gyoyu_books

ISBN 979-11-92968-51-3 03340